名人传记

岳飞传

中国著名爱国军事家、抗金名将

周爱农◎编著

成都地图出版社

图书在版编目（CIP）数据

岳飞传 / 周爱农编著. -- 成都：成都地图出版社，
2018.4 （2023.3重印）
ISBN 978-7-5557-0880-3

Ⅰ.①岳… Ⅱ.①周… Ⅲ.①岳飞（1103-1142）-
传记-青少年读物 Ⅳ.①K825.2-49

中国版本图书馆CIP数据核字(2018)第051902号

岳飞传
YUE FEI ZHUAN

责任编辑：魏小奎
封面设计：吕宜昌

出版发行：成都地图出版社
地　　址：成都市龙泉驿区建设路2号
邮政编码：610100

印　　刷：三河市同力彩印有限公司
（如发现印装质量问题，影响阅读，请与印刷厂商联系调换）

开　　本：710mm×1000mm　　1/16
印　　张：8　　　　　　　　**字　　数：**120千字
版　　次：2018年4月第1版
印　　次：2023年3月第5次印刷
书　　号：ISBN 978-7-5557-0880-3
定　　价：35.00元

I导读 >>>>>>
Introduction

YUE FEI
岳飞

　　岳飞（1103年3月4日—1142年1月27日），字鹏举，著名军事家、词人，宋朝相州汤阴（今河南省安阳市汤阴县）永和乡人，中国南宋时期的著名抗金将领。他一生都在与中国北方女真族建立的金国作战，为宋王朝抵御异族的侵略。他曾经多次打败金兵，收复失地，战功赫赫，但是最后由于受到南宋统治者的猜忌，被以"莫须有"的罪名监禁，继而遭到杀害。后人称他为"岳武穆"或"岳王"。

　　岳飞出生在一个普通的农民家庭，家境贫寒，为了谋生不得不背井离乡。当看到女真族入侵宋朝，大量国土沦陷，人民遭到屠杀时，他便把赶走入侵者、还老百姓一个安定的生活环境作为自己的理想。他二十岁投军，三十二岁就成了从二品的节度使。在他统领下的岳家军名扬天下，威震中原，当时人谓"撼山易，撼岳家军难"。岳飞是一位有雄才大略的军事家，他善于野战、城邑攻坚战、山地攻坚战、防御战、水战、以步制骑等，曾组织多次成功的反击作战。

　　岳飞还是一位有着强烈爱国思想的英雄。为了收复故土，他不顾个人得失，多次率领军队联络北方义军，卓有成效地从事抗金斗争，是抗金战争中的有力支柱。岳飞精通诗词和音律，是一位优秀的词人，但留传下来的词作不多，内容都是表达抗金的伟大抱负和壮志难酬的深沉感慨，词风悲壮，意气豪迈。《满江红》和《小重山》是其广为流传的代表作，流露出他强烈的报国之志。

这位伟大的将军，身上凝聚着许多被中华民族历代传诵的可贵品质。在军中，他的生活极其简朴，和士兵同甘共苦，即使是在作战艰苦、补给艰难的日子里，也和最底层的士兵吃一样的东西。他淡泊名利，不仅自己不贪功，甚至还多次隐瞒长子岳云的战功。他还教育自己的孩子要严守军规，不可以身犯法、扰乱军纪，绝对堪称严父。每一次作战，岳飞都身先士卒、勇往直前，即使在他任最高级别的军事长官时也无不如此。正因为他不临阵退缩，他手下的士兵受他的鼓舞，士气大增，每一次和金军大战都是势如破竹。岳家军令金军闻风丧胆。

岳飞治军严格，爱护百姓，受到广大劳动人民的喜爱和支持。岳飞蒙冤遇难后，举国哀痛，陷害岳飞的奸臣秦桧因此遗臭万年。在后世，岳飞一直对人们产生着深远的影响，他的军事才能受人敬仰。因此，他被后人奉为军神。他的铮铮铁骨、他的高风亮节、他的英勇豪迈，一直激励着无数的中国人前进、前进。他精忠报国的精神是整个中华民族的巨大精神财富，即便是在提倡和谐社会的今天，仍具有巨大的现实意义。

目录 >>>>
Contents

第一章

英雄少年

英雄出世 ········ 2

沙盘习字 ········ 4

拜师习武 ········ 6

第二章

军旅早期

三次从军 ········ 11

越职上书 ········ 13

第三章

精忠报国

伯乐张所 ········ 18

岳飞与王彦 ······ 19

宗泽麾下 ········ 22

奸贼当道 ········ 25

岳母刺字 ········ 27

第四章

岳家军

无奈建军 ········ 31

孤军转战 ········ 34

光复建康 ········ 36

第五章
转战江湖

奸臣秦桧 ········ 40
讨伐曹成 ········ 42
治军有方 ········ 46

第六章
收复襄阳

慷慨渡江 ········ 51
光复襄阳 ········ 53
满江红 ·········· 56
平定杨幺 ········ 58

第七章
积极北伐

整顿军务 ········ 63
人才济济 ········ 65
第二次北伐 ······ 69
第三次北伐 ······ 71

第八章
和战之争

是战是和 ········ 78
和议之后 ········ 83
小重山 ·········· 85
大战在即 ········ 87

第九章
大败金兀术

违诏出师 ········ 92

还我河山 ········ 94

大破拐子马 ······ 97

神勇岳家军 ······ 99

第十章
千古奇冤

十二道金牌 ··· 103

解除兵权 ······ 105

蒙冤入狱 ······ 108

天日昭昭 ······ 110

公道在人心 ··· 114

名人年谱 ·········· 118

第一章

YUE FEI

英雄少年

男儿不展风云志，空负天生八尺躯。

——〔明〕冯梦龙

▶ 英雄出世

宋徽宗赵佶崇宁二年（1103年），二月十五日的夜里，在河北（指黄河以北，不是现在的河北省）西路相州（今河南省安阳市）汤阴县永和乡孝悌里的一间农舍中，一个姓岳的婴儿出生了，他就是岳飞。在岳飞降生的当晚，有一只巨大的鸟在他家的屋顶上空飞鸣，所以，家人就为他取名为"飞"。按照中国古代的礼俗，男孩子到了二十岁就要盘起头发并且戴上头饰，表示成年了。行冠礼的时候就要取表字，名和字的含义往往须互相照应。因此，岳飞，字鹏举，这是后话了，暂且不表。

岳飞的母亲姚氏生岳飞时已有三十六七岁了，在岳飞之前，她还生过四个儿子，都夭折了，所以，岳飞的乳名叫五郎。姚氏可以说是岳飞生命中最重要的女人，对他的一生起到了很重要的影响。

岳飞三岁时，姚氏又给他生了个弟弟，取名叫岳翔。不少书中把岳翔写成了"岳翻"，但宋理宗给岳飞家属追赠官爵的名单中，写明岳飞之弟为岳翔，显然这是最可信的。这可能是因为"翔""翻"二字字形相似，才有此误。岳飞至少还有一个亲姐姐，因为后来岳飞的外甥女婿高泽民曾在他军中担任"主管文字"。

岳和这一家，本是个自给自足的中等农民家庭，后来自家的几亩薄田已提供不了更多的粮食，只好再租种别人的田地维持生计。这无异于饮鸩止渴，原来的"主户"（即自耕农），眼下就变成了"客户"（即佃农），经济地位明显下降了，全家的生活立刻变得捉襟见肘。岳翔出世后，岳家的生计就更加艰难了。

赵佶自即位以来，昏庸无能、胸无大志，重用蔡京、童贯、梁师成这帮奸臣，把朝政搞得乌烟瘴气。北宋的政权危如累卵，人民生活困苦不堪。在这种情况下，各地的老百姓纷纷起来反抗，宋江、方腊就是其中的代表者。岳飞生活的时代，是动乱不安的时代。

宋徽宗赵佶

当时在中国东北部有一个割据政权，原叫契丹国，后来又改名为辽。辽王朝的最后一个皇帝——天祚帝，名叫耶律延禧，他在1101年即位。在辽王朝的统治区域内，也有不少少数民族，辽王朝对这些少数民族进行残酷压榨，经常引起武装斗争。这些受到压迫的民族里就有女真族。

女真族早在公元五六世纪时就散居在今天的黑龙江和松花江流域以及长白山麓各地。1113年，完颜阿骨打成了完颜部的酋长。在1114年，阿骨打号召部众，对辽进行武装反抗。到1115年，阿骨打就建立了一个割据政权，定国号为金，定都会宁府（今黑龙江省哈尔滨市阿城区南）。1116年，阿骨打出兵南向，攻占了辽的东京辽阳府。1120年秋，金人已经把辽的都城攻占了，这时候宋徽宗赵佶好大喜功，不顾宋辽已百年和平相处，于宣和二年（1120年）与金国结成"海上之盟"：金军攻取长城以北的大定府，宋军攻取长城以南的燕云；双方的军队都不得越过长城；若攻取得手，燕云所属十数州之地归属北宋，而北宋则把此前每年交纳给辽朝的岁币，如数交给金朝。

同年十月，宋徽宗命童贯、蔡攸为统帅，两次集结时称战斗力最强的陕西军北伐，攻打辽的燕京，但最终在与辽军巷战时被打败。金军攻占了燕云地区，宋朝只得出重金买回几座空城。

▶ 沙盘习字

有一年的夏天，汤阴地区一连下了几天暴雨，河水暴涨，冲垮了河堤，淹没了整个汤阴地区，岳家也没能幸免。

岳和这一家，本来是个自给自足的中等农民家庭，自从遭受了那场无情的水灾，家里的田地没有了，从此沦为佃户，陷入了困境之中。

岳飞的父亲岳和非常重义气，尽管自己生计艰难，但如果左邻右舍哪家有困难，他宁可自己少吃少穿一些，也要帮助他们。因此岳飞也养成了助人为乐、时刻为别人着想的品德。

岳飞从小就非常懂事，他知道家境艰难，父母为生计发愁，就主动帮父母分担家庭的重担。岳和夫妇因为人到中年才有了岳飞、岳翔这两个孩子，所以对他们兄弟俩爱护有加。但是，他们并不放纵孩子，对他们要求非常严格。

岳飞的外祖父姚大翁是当地小有名气的读书人，家里有点田地，界于富农和地主之间，当年看在岳和忠厚仁义的分上把女儿嫁给了他。岳飞的母亲受她父亲的影响，也认得一些字，读过"四书五经"，她时常给岳飞哥俩讲古人为国为民的故事。岳飞的父亲岳和也读过私塾，他经常给岳飞讲三国的故事，因此，岳飞从小以关羽、张飞为榜样，期盼着像他们那样成就一番事业。

因为家里太穷，岳飞八岁了还没有上学。这个时候，他每天的首要任务就是到野外砍柴，如果哪一天不带干柴回家的话，家里就没有柴生火做饭了。有一次他路过私塾的时候，先生正在讲欧阳修勤学的故事。欧阳修四岁的时候父亲就去世了，家境贫寒，买不起纸笔，他的母亲就用芦荻杆在地上写字教他。岳飞听见这样的故事就入了迷，站在窗外听了很久很久。

自从听了欧阳修的故事后，岳飞读书的愿望更加强烈了。于是他每天天不亮就早早出去打柴，这样打完柴后可以早点回来，便能赶在私塾下课前，站在外面好好地听一会儿。岳飞是个聪明的孩子，他听得又很仔细，这样一来，先生讲的文章，岳飞几乎都背了下来。可只能听先生讲课，却看不见先生写的字，岳飞为此十分苦恼，要是能学会写字该多好啊！

有一天，他打柴回来，坐在那里发愣。母亲看出岳飞有心事，就试探着问他："孩子，你一回来就坐在那里发呆，有什么心事吗？"

岳飞忙说没事。他知道家里穷，自己上不起学，也买不起纸和笔，他怕母亲为难，不想把自己想读书的话讲出来。

有一天，母亲看见岳飞非常高兴地回家了，却没有带干柴回来，而是背着一篓子沙子，母亲就很奇怪，问岳飞是怎么回事。

岳飞把沙子倒在地上，慢慢地用手把沙子抚平，又从地上拿起一根小柳枝说："母亲，我有了一个好办法！"说着，他拿起小柳枝在沙子上画了起来。"你看，我也可以学习写字，这不就是最好的纸和笔吗？"

母亲看后，心里也高兴起来，她兴奋地说："对呀，这真是个好办法！孩子，你怎么突然想起这么好的办法呢？"

岳飞回答说："是先生讲的欧阳修的故事提醒了我，欧阳修曾用芦荻杆做笔在地上练习写字。"

从此，岳飞的母亲就在沙子上教岳飞写字了。渐渐地，岳飞认识了很多字，这为他以后的成长打下了坚实的基础。岳飞天资聪颖，有着超强的记忆力，再加上持久不懈的顽强毅力，所以进步非常快。不久，家里的《百家姓》《千字文》《杂字》之类的书就被他看完了，他又去他外祖父那里找来一些书，"四书五经"都看了一些，但是他最感兴趣的还是《孙子兵法》《春秋左氏传》之类的书。

▶ 拜师习武

岳飞从小从事体力劳动，过着穷苦的生活。他参加过各种劳动，如牧牛放羊、拾柴挖草、烧火煮饭之类，这些体力活让他练就了强健的体魄。最关键的是，岳飞天赋异禀，天生神力。

当然，岳飞一开始没有受到名师指导，只是天生神力，许多射箭的技巧并没有掌握。直到他遇见周侗，射箭的水平才上了一个新的台阶。

有一次，汤阴县有名的武者周侗在父老乡亲面前表演自己的射箭绝技，三箭全部命中靶心，可谓是百发百中，赢得在场所有人的喝彩。这个时候岳飞正巧打柴路过，看到了这个情形，也是血气方刚、年少气盛，他不由分说就向周侗索要弓箭准备也来试试看。

周侗一看他晒得黝黑，长得非常强壮，年纪轻轻就十分有气势，感觉这个少年挺有意思的，于是二话不说便将弓箭给了岳飞。岳飞力挽长弓连射两箭，结果这两箭将周侗竖的靶子射烂了。

周侗下了一跳，他从来没见过有这么大力气的人，于是就对岳飞非常客气，把自己最心爱的两把弓送给了岳飞。他又详细询问岳飞的姓名和家庭情况，并且指出他的力气大是大，但是射箭的技巧还不够成熟，还表示自己想收岳飞为徒，教给他射箭的

技巧。

　　岳飞听了非常高兴，当下跪倒，冲着周侗大声说道："师父在上，受徒儿一拜！"随后便硬生生地给周侗磕了三个响头。

　　周侗在当地的名气非常大，是个有名的武林高手。后来民间传说周侗是陕西人，在河南嵩山少林寺习成武艺，后任京城御拳馆"天"字号武林教师，水浒好汉卢俊义、林冲都是他的弟子。但此类传说多有虚构成分，如今难以考证。

　　在周侗的教导下，岳飞的文化水平有了很大的提高。这时候他又读了很多兵书，了解了很多行军打仗的事情。但是周侗年事已高，不久就逝世了。

　　岳飞对于周侗之死感到万分悲痛。有感于老师的再造之恩，每逢初一、十五的时候，岳飞都要去周侗坟前祭拜。每次去恩师墓前，他想起老师对自己的关爱和教导，都会潸然泪下。在祭奠时，岳飞总是

岳飞的师父周侗

用恩师所赠之弓连发三箭，然后把果酒等供品埋祭于墓侧。

　　祭祀的时候需要供品以慰逝者在天之灵。岳飞因为心里感激恩师，把他当作自己的父亲，就觉得这事一定不能省。但是岳飞连温饱都没解决，怎么办呢？岳飞跑去当铺，将自己冬天所穿的衣服当掉，用当来的钱买了一些酒肉，用来祭拜老师。

　　天气越来越冷，而岳飞的衣服却很单薄，岳飞的父亲岳和察觉到了。但是他不知道岳飞把衣服当了是去做什么了，还以为岳飞把衣服当了换钱去买酒喝或者拿去赌博了。于是他就问岳飞怎么回事，岳飞不愿意回答。

　　岳和非常生气，就拿起树枝打岳飞，岳飞还是什么也没有说。后来岳和就偷偷跟踪岳飞，终于发现了典衣祭墓一事。父亲问他

YUE FEI

成长关键词

爱国、正直、勇敢

7

为何这么做，岳飞回答说："师父对我的恩情我一辈子都报答不完。他不光教给我武艺，还教我做人的道理，让我用自己的所学报效国家。可惜我在师父生前没能报恩，他死后，我要借初一、十五扫墓以寄托我的哀思。我连射三箭，就是表示不忘老师的教导。"

听了岳飞的话，岳和对儿子说："你的孝顺我很赞赏，但是将来国家需要你的时候，你能为国效力吗？"岳飞很高兴地说："父亲大人允许我以身许国啦！那太好了，只要您答应了，就好办了！"岳和赞许地点了点头。从那时候起，岳飞就立下了为国贡献一生的志向。

岳飞在15岁的时候，娶了邻村的刘氏为妻，刘氏为岳家生了岳云，就是后来岳家军里那个让金兵闻风丧胆的岳云了。岳云字应祥，号会卿，背嵬军重要将领，军中人称"赢官人"（"官人"为宋代对男子的尊称，"赢"这里是常胜不败的意思）。

岳云出世后不久，因为家计岳飞远行加入了韩府的佃客行列。后来因为挣不到钱，加上受到小人的排挤，他就不干了，结束了这种流落异乡的生活，回到了老家汤阴县父母妻儿的身边。

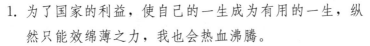

名人名言·爱国

1. 为了国家的利益，使自己的一生成为有用的一生，纵然只能效绵薄之力，我也会热血沸腾。

　　　　　　　　　　　　——［俄］果戈理

2. 对于每个善感的心，祖国是永远可贵的。

　　　　　　　　　　　　——［德］海　涅

3. 人民不能没有面包而生活，人民也不能没有祖国而生活。

　　　　　　　　　　　　——［法］雨　果

4. 纵使世界给我珍宝和荣誉，我也不愿离开我的祖国，因为纵使我的祖国在耻辱之中，我还是喜欢、热爱、祝福我的祖国！

　　　　　　　　　　——［匈牙利］裴多菲

5. 不能不热爱祖国……但是这种爱不应该消极地满足于现状，而应该是生气勃勃地希望改进现状……并尽自己的力量来促进这一点。

　　　　　　　　　　　——［俄］别林斯基

6. 我无论做什么，始终在想着，只要我的精力允许我的话，我就要首先为我的祖国服务。

　　　　　　　　　　　——［俄］巴甫洛夫

7. 真正的爱国主义不应表现在漂亮的话上，而应该表现在为祖国谋福利的行动上。

　　　　　　　　　——［俄］杜勃罗留波夫

第二章

YUE FEI

军旅早期

正己然后可以正物，自治
然后可以治人。

——〔宋〕岳 飞

▶ 三次从军

成长关键词

↓

爱国、正直、勇敢

第一次是宣和四年（1122 年）九月，岳飞怀着对父母妻儿的牵挂，怀着对前途的迷茫，怀着对自己武艺的自信，踏上了从军的路程。后入了真定府知府刘韐的"敢战士"，并因为剿匪有功获得了一些名气，但因为父亲岳和的去世而放弃封赏回家守孝。

第二次是宣和六年（1124 年），中原又发了大水。岳飞此次投军，顺利地进入了军队。凭借自身的能力做到了偏校，偏校是级别最低的武官。但是岳飞看到军队内部的腐败现象，既担忧又气愤，担忧的是这样的军队怎么保家卫国，气愤的是高级军官们不整军务，成天想着敛财享乐。他暗下决心，要改变军队这种腐败的气息，打造出一支精锐军队来保家卫国。接下来一年的时间，岳飞操演武艺，训练军士，也努力学习文化，为后来献身抗金事业做好了充分的个人准备。

宣和七年（1125 年）二月，金国在吞灭辽朝后，开始积极准备发动对宋的战争。太原城陷落后，宋朝的军事形势已经非常严峻。著名的老将军种师道在病死前上奏，主张放弃开封，退避关中，先积聚起抗金的力量，再和金兵决战，收复失地。宋钦宗在刚刚即位的时候，没有做好做皇帝的准备，总是想着逃跑。现在也没有从全局着手，做好长期打算，他六神无主，一会儿听从这个大臣的意见，一会儿又采纳那个将军的建议，搞得一团糟。最糟糕的是，他不知怎么又突发奇想，想做个勇士，在兵力明显不够、保卫都城无望的情况下，坐镇开封，被金兵来了个瓮中捉鳖。

靖康元年（1126年）闰十一月，金左副元帅完颜粘罕（宗翰）和右副元帅完颜斡离不（宗望）两军会师，很快就攻破开封城，宋徽宗和宋钦宗二帝及皇族、官员等被掳北去，北宋王朝随之灭亡，这就是历史上著名的"靖康之难"。

第三次是岳飞在回到汤阴后。如果说前两次投军都是为生活所迫的话，那么这次岳飞的投军毅然而坚决，没有一丝犹豫，因为这次他不再只是为了家，而是为了国。从这一次投军起，岳飞的人生目标变得异常清晰，那就是赶走金兵。为了这个目标，他愿意付出毕生的心血，甚至是生命。

当时，武翼大夫刘浩当了前军统制后第一件事就是招兵买马，并且集合前次战斗失败后的散兵游勇。因为岳飞有过两次从军的经历，所以刘浩对岳飞比较中意。岳飞也将自己的经历以及抱负对刘浩说了一遍，他表示要把自己那一腔热血洒向疆场，绝不辜负国家对其培养之恩，一定要赶跑金兵。刘浩二话没说便将岳飞留在了自己的麾下。后来岳飞收编了一支三百多人的山匪队伍，这支队伍就成了岳飞的第一支嫡系部队。

这时候，康王赵构害怕元帅府的名气太响，成为金人的目标，就和汪伯彦商量，定下了逃跑的政策。在刘浩进军滑州的时候，岳飞奉命率一百名骑士到滑州侦察。这次刘浩为了表示自己对岳飞的器重，还特地把自己的一匹骏马借给他。搞"硬探"是岳飞的老本行了，所以他这次胆子更大了。他率领部下深入滑州南部一带，这一带已经离开封的边界十分近了。在岳飞北归之时，黄河河面结冰冻住了，岳飞率部渡河的时候，有一支金军发现了他们，飞奔而来准备消灭他们。岳飞急忙率士兵和敌人展开激战。一名金将张牙舞爪地挥刀砍向岳飞，岳飞迎击，双刃相交，岳飞的刀劈入敌人的刀刃一寸多，他抽出刀来，砍下了敌将的头颅。敌军一看这情形，便心生怯意，岳飞的队伍随之气势大振，将这群人数不少的金军杀退了。

战后，岳飞因为这次在滑州的战功，升为从八品的秉义郎，而且在元帅府中有了神勇的名气。

事情总是与岳飞所想的不同，当他南下到了开封后，完全就只是听从上级的命令而已。作为一个从八品的武官，他绝对不可能知道他今后要如何走。当时岳飞渴望杀敌报国的心情自然不言而喻，但又显得十分无奈，只得跟随刘浩前往大名府。

▶ 越职上书

赵构到达大名府后，立即讨论了队伍往哪里去。最后兵分两路，一路由宗泽率领，往南征讨，另外一路由康王赵构以及汪伯彦两人率领，执行曲线救国的政策，就是东逃。

在靖康二年（1127 年）的二月份，刘浩派岳飞前去曹州一带作战。在此战中，岳飞骑马挥动着四刃铁锏，冲锋陷阵，长驱直入，进入了敌军阵中，和敌人展开激烈的白刃战。最后刘浩的军队终于将金军击溃，而且把对方打得很狼狈。这一战结束之后，岳飞的战功也得到了体现，而且又有了升官的机会，从正八品的修武郎升到从七品的武翼郎。

靖康二年（1127 年）四月，金军将宋徽宗、宋钦宗以及皇家所有成员掳走了，开封基本上被洗劫一空了。金国另立原北宋大臣张邦昌为傀儡皇帝，国号楚。

过了一段时间，张邦昌觉得自己成为皇帝实在不妥，而且也过意不去，于是便派人将玉玺送至济州。因为他知道现在朝廷里面能当皇帝的也只有康王赵构一人。赵构是唯一未被掳去的皇室成员，其他的皇子全部被金兵一窝端，连个皇孙也没剩下，赵构无疑是继承大统的最好人选。在济州，赵构接到玉玺之后喜出望外，便在四月二十一日离开了济州，前往南京应天府，就是现在的河南省商丘市，准备登基称帝。岳飞作为一个偏将，并没有决策的权力，故也只能跟随赵构等人一同赶往南京。

靖康二年（1127 年）的五月初一，康王赵构在南京应天府称帝，登基之后便把这年改为建炎元年。故而 1127 年有两个年号，一个是靖康，另外一个便是建炎。赵构庙号为高宗，他是南宋的开国皇帝。

赵构登基坐殿之后，迫于朝野内起用抗战派李纲的呼声太大，无奈之下只得任用李纲作为宰相。李纲的积极抗战工作多次受到黄潜善、汪伯彦的阻挠，对此李纲也无可奈何。

岳飞眼看着开封城沦陷，而自己所在的军队却一次仗也没打，只是一味地避战、退却，十分气愤。赵构从相州逃到大名府，又从大名府退至应天府。听到赵构准备继续逃跑到扬州时，岳飞再也忍受不了了。

宋高宗赵构

建炎元年（1127 年）六七月间，岳飞向宋高宗上长书言事。这个时候岳飞还只有二十五岁，官职也只是个从七品的武翼郎，他的上书自然不能改变皇帝的主意，但是这是他第一次正式批评朝廷的投降政策，表现出了他极强的政治局势把握能力。另一方面，也和他年轻冲动有关，他把李纲和黄潜善、汪伯彦看成一样的人，也毫不客气地提出了批评。这从另一个侧面反映出他从政时间不长，对官场中每个人的立场还看得不是很透彻，误把李纲也当成了投降派。

　　当时，宋王朝的传统是文尊武卑，以文制武，有意贬低和压抑武人。武将被视为粗人，武将参与国家大事的讨论，一律被视为越轨行为，作为从七品的下级小武官，在宋代根本就没有上书的权利。岳飞规劝赵构悬崖勒马，怒斥当时的高品级文臣，无疑是自讨没趣。但从这也能看出岳飞这么一个爱国青年的气魄与胆识来，敢于做一些明知不可为的事情，是岳飞的精神里最感人的一部分。但是岳飞却被冠上"小臣越职"的罪名，被革职查办了。

　　岳飞此时不但是被削去官职，而且被赶出了军营，剥夺了军籍。这样，靠打仗吃饭的岳飞，连生计都没了着落。

名人名言·成长

1. 人的生命，似洪水奔流，不遇着岛屿和暗礁，难以激起美丽的浪花。

———［苏联］奥斯特洛夫斯基

2. 我不管这件事有没有结局，过程就是结局，让我尽情地去，一切后果，都是成长的经历，让我去。

———三 毛

3. 对自己不满是任何真正有才能的人的根本特征之一。

———［俄］契诃夫

4. 傲慢的人不会成长，因为，他不会喜欢严正的忠告。

———［美］卡耐基

5. 一切利己的生活都是非理性的动物的生活。

———［俄］列夫·托尔斯泰

6. 老骥伏枥志在千里，烈士暮年壮心不已。

———〔东汉〕曹 操

7. 假如生活欺骗了你，不要忧郁，也不要愤慨。不顺心的时候暂且容忍、相信吧，快乐的日子就会到来。

———［俄］普希金

8. 不要慨叹生活的痛苦，慨叹是弱者。

———［苏联］高尔基

9. 人的理性粉碎了迷信，而人的感情也将摧毁利己主义。

———［德］海 涅

◁ 第三章 ▷

YUE FEI

精忠报国

以身许国，何时不可为？

——〔宋〕岳　飞

▶ 伯乐张所

　　岳飞被解职后，因为没有什么钱财，在归德府城过了一段很狼狈的日子。但是他心中把金兵赶出宋朝的愿望却越来越强烈。于是，他孤身北上，往抗金前线而来。他渡过黄河，来到大名府。

　　这时候的大名府有两支军队，一支是杜充的北京留守司，负责守城；一支是张所的河北西路招抚司，负责收复河北的失地。张所是受到李纲的推荐而被用为河北招抚使的，在一年前开封被金军围困时，他就曾提议征集河北义勇民兵。

　　这一年的八月份，岳飞投军到了张所军前。

　　岳飞投军后，因为招抚司的赵九龄得以见到张所。这个赵九龄最初由李纲举荐，曾任"御营机宜"，跟岳飞有所接触后，非常欣赏他，认为这个青年是"天下奇才"，于是就向张所推荐，这样岳飞终于如愿见到张所。

　　张所对这次与岳飞的见面非常满意，接着，又就《孙子兵法》的军事常识向岳飞提出了一系列问题。岳飞不光对《孙子兵法》十分熟悉，而且还畅所欲言，谈了自己对兵法运用的一些看法。张所听罢，不禁频频点头，他很赞同岳飞的说法，也很佩服岳飞的才能。

　　张所对岳飞具备如此才能感到非常惊喜，他知道岳飞是个军事奇才，将会成为一代名将，所以对岳飞十分器重，决定予以破格提拔。张所将岳飞从被革职后的白身直接借补修武郎，充任中军统领。"借补"就是先任命，以后再上报朝廷。接着，岳飞又很快再次升职，借补从七品的武经郎，升任统制。与岳飞被革职前相比，武经郎比武翼郎还要高两阶。就这样，岳飞先做统领，不久又升为统制，由都统制王彦统率。

张所对岳飞的赏识，早已使岳飞满怀感激之情。后来岳飞身居高位后，花费很大气力，终于找到张所的儿子张宗本，请来儒生教他读书，在饮食起居上都很照顾他，对他的关心程度甚至超过了对自己的几个儿子。有一次岳云立了战功，南宋朝廷要授予岳云一个官衔，岳飞特别为此上疏奏请，把这一官衔让给了张所的儿子张宗本。

成长关键词 爱国、正直、勇敢

▶ 岳飞与王彦

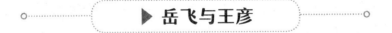

岳飞当时的顶头上司是王彦。王彦是河内（今河南省沁阳县）人，在少年时就喜欢读兵书，更喜欢骑马、射箭。后来投身军队，曾跟从泾原路经略使种师道两入夏国，立有战功。张所对王彦的才勇也很赏识，在自己受命为河北招抚使之后，就多次对王彦加以擢用，让他做都统制。

这样，在好不容易凑齐七千人马后，张所命令王彦前去攻打卫州。王彦就带着岳飞等十一名军官及各辖的队伍出发了。走到半路的时候，张所被贬，河北西路招抚司被撤除，这样王彦所部就成了一支孤军，既没了番号，也没了军饷和后援。

好在抗金军队在各地都能得到老百姓的支持，老百姓总给他们送吃的送喝的，支持他们打击金兵。王彦在率军大破各路金兵时，还积极号召当地居民一起抵抗金兵，给金兵造成了很大的麻烦。最后，金兵渐渐重视起这支杂牌部队，集结了好几路的队伍，对王彦展开了包围。

当时王彦所带领的军队驻扎在卫州的新乡县石门山下，即现在的河南省新乡市。王彦看到了金军调集人马，知道肯定是针对自己来的，他感到形势非常危急，需要谨慎对待，所以按兵不动。

岳飞对王彦的稳重很不以

王彦

为然，他一怒之下，就带兵擅自出战。他带领自己统领的一部分人马，从王彦的军队中冲了出去。岳飞一马当先，亲自夺取了金军的大旗，在空中挥舞，这样一来宋军将士受到了鼓舞！王彦其他各部的将领也都纷纷出战，支援岳飞。在视死如归的心态下，他们攻下了新乡县，而且还生擒了金军的千夫长，接着又击败了金军的万夫长。这些都是金军的先锋部队，人数有一万人左右。结果这么一败阵，反而增强了金军消灭王彦军的决心，直接调来了主力军前来攻击。

王彦只有七千人马，哪里受得住金兵几万主力的攻击，在四面包围之下，只得选择突围逃跑。王彦突围出去后，只有七百人马了，其他军士大多以身殉国了。

王彦带着他的七百人马，退守卫州的共城县。为了表示对大宋的忠心，王彦成立了太行山八字军，他们的脸上都刺有"赤心报国，誓杀金贼"这八个字。河朔一带的忠义之士纷纷响应，王彦军的兵力在最高峰时发展到十多万人。他们跟金军在太行一带作战，八字军的威名便由此而传开。在河北的金兵首领，把王彦的部众视为劲敌，多次来攻打他的营垒，却败多胜少。他们有时也想再渡河南犯，却因受到王彦部队的牵制，不敢贸然南下。

岳飞顺利突围后，跑到了候兆川，这里位于共城县西北。在突围出来后，岳飞和金兵的一支部队猝然相遇，他只得率残部死战，经过一番搏斗之后终于将这部分金兵击溃。岳飞在此战之中身受重创十余处，可以说是伤痕累累。

在太行山地带，岳飞带领着这支小部队打起了游击战，很快到了弹尽粮绝的地步，加上天气恶劣，战士们苦不堪言。到最困难的时候，岳飞把自己所乘坐的战马都杀掉作为粮食，可见当时他们的处境之艰难。

这时候，岳飞听到了八字军壮大的消息，知道自己错怪了王彦，当初若不是自己一意孤行，恐怕也不会落得这么一个下场。岳飞是一个顶天立地的大丈夫，面对自己的过失，他勇于承认。于是，他只身一人前往王彦的营地负荆请罪。

王彦一看岳飞来了，还是非常生气，他不肯收留岳飞，也不愿意借粮食给他。王彦的部下也都很生岳飞的气，要求王彦处死岳飞。王彦对岳飞说："按照军法，应当杀你的头，但是你跑到太行山那么久了，还能回来认错，说明你有悔过之心，胆子也很大。现在正是国家危难的时候，人才难得，不是报小仇的时候。你走吧，不要跟着找。"

岳飞返回太行山后，总结了自身的不足。对于抗金事业，岳飞并没有放弃，他带着自己的小股部队继续苦战金兵。在一次战斗中，岳飞率领的军队俘虏了金将拓跋耶乌，又夺取了几十匹战马。

▶ 宗泽麾下

　　虽然打了两次胜仗，但岳飞在太行山区还是显得势单力薄了些，他感觉自己已经快到极限了。这时候王彦收到了宗泽的命令，统一指挥两河的军事。王彦便派人去告诉岳飞，要他去荣河把守。此时的岳飞觉得王彦心胸狭窄，恐怕以后在一块很难共事，因此便拒绝了王彦。随后，岳飞南下前往开封府，准备投奔宗泽，接受宗泽的指挥。

　　在岳飞前来投奔宗泽的时候，东京留守司的官员查过岳飞的档案，不看不知道，一看吓一跳：岳飞触犯军规，依律当斩！他们自然没有隐瞒，全部告诉了宗泽。爱才的宗泽，怎能忍心杀掉一个将才呢？但岳飞擅自脱离主将，也是不可原谅的，于是他便将岳飞降为秉义郎以观后效，这样岳飞又降为从八品。

宗泽

　　建炎元年（1127年）的十二月份，金军大举南侵，先是进犯孟州的汜水关。岳飞被宗泽任命为踏白使，踏白使就是当时宋朝军队中专门刺探情报的人员的官职。宗泽给了岳飞五百骑兵，要他前去武装侦察敌人的动向。临走之前，宗泽特意把岳飞叫到面前说："你本来是死罪，老夫暂时按下，当今就是你立功的大好时机。你一定要给我好好表现！你去观察敌人的动向，不要轻易和敌人起冲突！"岳飞领命而去。

岳飞以戴罪之身奉命前往侦察，在汜水关一带与一支金军碰上了。岳飞只得率队和金军开战。他怀着立功赎罪的心，奋勇杀敌，很快把金军打得落花流水。岳飞凯旋后，宗泽很高兴，立即升其为统领，之后又将其晋升为统制。

从建炎元年冬到建炎二年（1128 年）春，敌我双方在东京开封府进行了拉锯战，一个地区往往敌我易手好几次，战斗非常激烈。宗泽坐镇东京留守司，统一指挥作战，敌我双方互有攻守，战局成胶着状态。滑州是开封的北方门户，争夺战打得最为激烈。岳飞从正月开始，也参加了滑州的战斗。他接连在胙城县（今河南省延津县东北）、卫州汲县西的黑龙潭、龙女庙侧的官桥等处获胜，还活捉了敌人一个姓蒲察的千夫长，在宗泽麾下保持了全胜的纪录。

宗泽很欣赏岳飞的军事才能，经常把岳飞召到自己的住所，讨论军事问题。

在宋朝时期，无论是皇帝还是将帅，都很喜欢用兵布阵的作战形式，讲究按照一定的模式摆布阵势。宋太宗赵光义就曾为了与辽作战，亲自绘制了一幅《平戎万能全阵图》以授大将，使其按图布阵。宗泽是文官出身，进士及第，骨子里是一个文人，也就对布阵很感兴趣。他看到岳飞虽然屡立战功，然而每次作战都不肯遵守兵书，不布阵就出战，便拿了一份《阵图》给岳飞，并劝告他说："你的智勇才艺，即便古代良将也不过如此，但是你喜欢野战，却不合古人兵法。现今你还只是一个偏裨将领，这样做尚无不可，今后如做了大将，这却绝非万全之计。我劝你对这本《阵图》中所列举的各种阵势，仔细研究一番，供今后作战时

参考。"

岳飞把《阵图》接受下来，认真翻阅了一遍，然后回复宗泽说："您所赐的《阵图》，卑职看得很熟了，不过这都是定势，战场上瞬息万变，岂可按照这种固定的阵图来？兵家的要点，在于出奇取胜，让敌人防不胜防。如果在平原旷野上，猝然和敌人相遇，怎能来得及按图布阵呢？况且，我今天是以裨将听命麾下，带兵不多，如按固定阵势摆布，敌人对我军虚实即可一目了然，如以铁骑从四面冲来，那我们就要全军覆灭了。"

宗泽又质问岳飞说："照你这么说，难道阵法都没有用吗？"

岳飞回答说："列阵之后再战，这是打仗的常用方法，但是不能太拘泥于阵法了，要灵活地运用，都在自己的心里，请您再考虑一下。"宗泽沉思了一下，然后对岳飞说："你的话是完全正确的。"

他们二人的这番对话可以充分说明，当时才二十五六岁的岳飞，在战争中学习，通过几年来的战斗实践，不但在指挥作战方面已经体会出一些极为高明的道理，已经有了敢于突破陈规和传统做法的真知灼见，而且还具有坚定的自信，敢于向上级官员陈述他的见解。这使得像宗泽这样的老将军，都认可他的见解。后来宋孝宗即位之初，在追复岳飞少保两镇的制词中，有"岳飞拔之偏裨，骤当方面，智略不专于古法，沉雄殆得于天资"的评论。

▶ 奸贼当道

成长关键词
爱国、正直、勇敢

建炎三年（1129年）正月，岳飞带领着本部两千人马返回开封。刚一回到开封，就接到杜充命令，要他去消灭张用。这个张用在宗泽时期愿意受宗泽的指挥，一起抗金，现在杜充无能，致使他变成了流寇。岳飞以"兵寡不敌"为理由，婉言推辞。暴躁、刚愎的杜充大怒，说若不出战，就要杀头。

军人必须服从命令。岳飞没有办法，只得率队攻击南城外的张用军。驻军东城外的王善闻讯后，率军前来支援张用。岳飞率领八九百人马勇猛作战，敌方一个很勇猛的将领出战，被岳飞杀死，敌方就害怕了，被岳飞击溃。这一战后岳飞因功升武经大夫，是正七品的官。后来，他又在清河打败王善，升为武德大夫。

岳飞的这一系列胜利，一时被传为美谈。实际上，这正是奸臣当道铸成的大错。杜充抛弃了统一战线，引发了自相残杀的内战，使宋军的实力损失于内耗，一些本来抗金的力量被逼得投降了金朝。

杜充通过这几次的战役，看出岳飞是个骁勇善战的猛将，所以也提拔岳飞，在不到半年的时间里，就给岳飞提了不少官阶。杜充对于岳飞不仅仅是偏爱，更把岳飞作为了依靠。可岳飞并不是这样想的，对于常人来说，一个能征善战的武人遇到了一个能够提拔自己的好上司，自然是上辈子修来的福分。可岳飞绝非攀龙附凤之辈，他不过是吸取了当年擅自脱离王彦的教训。岳飞虽然看不惯杜充所做之事，但也只能隐忍不发，接受杜充的节制。

很快，金兵渡过淮河，直指扬州。赵构和南宋政权仓皇从扬州逃跑至杭州。在逃跑的过程中，御营司做都统制的王渊，伤天害理，激起民愤。到达杭州之后，又强占民宅，强夺居民的财物，杭州百姓对他们的愤恨也达到极点。

赵构跑到杭州不久，对王渊不但不加以惩处，反而加以奖擢，竟提升其为枢密院的副长官。赵构的这一措施，既使得痛恨王渊的杭州民众更为恼火，也使得所有驻扎在杭州的部队都心怀怨望。建炎三年（1129 年）三月初五，苗傅、刘正彦利用部队中全体官兵对赵构的愤慨，举行了武装暴动。他们捉杀了王渊和所有已经到达杭州的宦官，逼令赵构宣告退位，加以幽禁，把赵构的一个不满三岁的儿子立为皇帝，并且宣布自三月十一日始，把年号改为"明受"。

苗傅、刘正彦和他们这支部队中的将佐，因为没有政治斗争和军事斗争的经验，在发动了这次政变之后，仍只据守在杭州城内，没有提出足以鼓舞人心的政治主张，也没有和杭州地区以外的军事首领们取得联系。这样，他们让全国处于不安之中，形势变得更加复杂。

岳飞按捺不住自己的不满，义正词严地对杜充说："中原之地，一定要寸土必争，况且汴京是大宋的第一京城，放弃汴京对全国抗金形势的影响非同小可。"并且指出，放弃容易，收复难，若要收复汴京，又将牺牲几十万人的性命。

杜充毫不理睬岳飞的规劝，反而命令他立即率师南下。在杜充的威逼之下，岳飞违心地跟随着浩浩荡荡的人马南撤。金兵不费吹灰之力就占领了汴京，此时南宋已失去了半壁江山。

杜充威逼着岳飞和他一起南下，一直跑到建康才停了下来。

▶ 岳母刺字

岳飞随军撤退到建康府后，有个同乡前来寻找岳飞，告诉他母亲姚氏和妻子刘氏的消息。原来岳飞的妻子刘氏不能守节、不堪艰苦，撇下婆母姚氏和岳云、岳雷两个孩子，先后两次改嫁。这个同乡还转告了姚氏的叮嘱："对我的五郎说，要勤勉地为天子效忠，不要惦记我这个老太婆。"岳飞听了肝肠寸断。他想起母亲和儿子的凄惨境地，寝食难安。于是他派人前后十八次潜入汤阴，才将母亲和两个儿子接到自己的军营。

母子相见，大哭一场。岳飞给母亲讲了自己的军旅经历和对大好河山沦于敌手的悲愤之情，说到愤慨处，泪如雨下。岳母从沦陷区而来，对金兵的暴行更是刻骨铭心。她对岳飞说："五郎，你所做的一切都非常对，娘为你感到高兴。家里的事你不要操心，现在国家正是用人的时候，你不要为个人私事耽误国家大事。来，娘要将'精忠报国'四字刺在你的身上，希望你永远铭刻于心，为国效力，赶跑金兵，做到一生无愧于心。"

岳母拿来针，让岳飞脱下衣服，双膝跪下。然后用笔在岳飞的背上写下"精忠报国"四个大字，再用钢针一针一针地往皮肉上刺。岳飞咬紧牙关忍着痛，一动不动地跪在地上。当最后一笔终于刺完时，岳飞母子的脸上都已挂满了泪珠。岳飞明白母亲的用心，母亲是要让他记住并做到一生忠于国家，热爱民族，尽自己的全力去报效国家和人民，赶跑金兵。岳飞转过身跪在母亲面前，双目含泪，颤声说道："儿谨遵母命。"

过了一段时间后，在岳母的支持下，岳飞又另娶一位妻子，名叫李娃，她比岳飞大两岁，结婚时已有二十八九岁。

在金兵大举南下之时，淮河、长江之间的许多义勇之士都自发地加入到抗击金军的队伍之中，金军被他们牵制，放缓了南进的速度。但是也有一

岳母刺字

些无耻之徒，乘金兵南下之机，勾结金军，做一些危害人民的事。

有一个河北雄州人，名叫李成，最初在雄州做弓手。李成战败后，带领一千多人流窜到滁州（今安徽省滁州市）一带，占领了一座高山，在那里扎下了匪巢。他们时常出来对百姓进行抢掠，但金兵来时，他们却龟缩在山上不敢下来与金兵交战。

岳飞本来可以一鼓作气，去攻打李成，然后把他们一举剿灭。但他突然接到杜充的命令，说金军已经向这边逼近，命他和王燮的部队马上撤到长江南岸。岳飞对这次军事行动半途而废感到有些失望，但他还是接受了命令。

金兵大举南侵，江南抗金的序幕就此拉开。

岳飞背负着"精忠报国"四个大字，义无反顾地投入到这场捍卫国土、保护人民的战争中。

名人名言·逆境

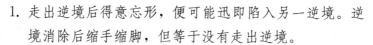
1. 走出逆境后得意忘形，便可能迅即陷入另一逆境。逆境消除后缩手缩脚，但等于没有走出逆境。

　　　　　　　　　　　　——刘心武

2. 用自己的逆境与别人的顺境对比，是糊涂。用自己现在的逆境同自己以往的顺境对比，是愚蠢。用自己的逆境和他人的逆境相比，是卑微。

　　　　　　　　　　　　——刘心武

3. 虽然世界多苦难，但是苦难总是能战胜的。

　　　　　　　　　——〔美〕海伦·凯勒

4. 人要学会走路，也要学会摔跤，而且只有经过摔跤，他才能学会走路。

　　　　　　　　　　　——〔德〕马克思

5. 人们的灾祸常成为他的学问。

　　　　　　　　　——〔古希腊〕伊　索

6. 逆境展示人才，顺境隐没英才。

　　　　　　　　　　——〔美〕霍勒斯

7. 逆境有一种科学价值。一个好的学者是不会放弃这种机会来学习的。

　　　　　　　　　　——〔美〕爱默生

8. 逆境给人宝贵的磨练机会。只有经得起环境考验的人，才能算是真正的强者。自古以来的伟人，大多是抱着不屈不挠的精神，从逆境中挣扎奋斗过来的。

　　　　　　　——〔日本〕松下幸之助

第四章

YUE FEI

岳家军

　　善观敌者，当逆知其所始；善制敌
者，当先去其所恃。

　　　　　　　　——〔宋〕岳　飞

▶ 无奈建军

在金兵大举南下的情况下，南宋朝廷居然把宝押在了杜充的身上。赵构升了他的职，让他做了右相，又兼任江、淮两路的宣抚使，负责江边防备。除了张俊以外，剩下的刘光世、韩世忠等军队全归于杜充节制，这时的杜充成了南宋唯一的希望。

虽然刘光世跟韩世忠两人归于杜充节制，但这两位都是在苗、刘之变中救驾的功臣，并不听杜充的号令。杜充虽然有这个权力，但也惹不起刘、韩两位大将。

金国兵分两路，元帅完颜昌带兵负责淮南战场，而完颜兀术负责江南战场。金人这样评价这两人：完颜昌有脑子没胆子，完颜兀术有胆子没脑子。这个完颜兀术就是金兀术，又叫完颜宗弼，后来是岳飞的主要对手。

江南战场上的金军有两部分，其中一部分是完颜拔离速的西路军，在建炎三年（1129 年）的十月份，先后攻下了江西、湖南、湖北。刘光世想保存实力，不与敌交战，直接往后退，这支金军便祸害百姓。一些村民只得自己组织起来抵抗，总算把金兵打得有些损失。

而东路的完颜兀术率领主力军，奔建康而来。在十一月份，江、淮水军袭击勾结金兵的李成，而金军此时闻风前来支援，将宋军击败，并且缴获了很多船只。完颜兀术乘机攻打太平州，但却失利了。但完颜兀术并没有因此而放弃，反而转变攻势，从建康府的西南方马家渡过江。

宋军得知此事后，也做了一些防备，但这些防备基本上没啥用。水军的统制邵青仅有一艘战船可以出动，而且加上他也不够二十个人，又怎能去抵挡金军的主力军呢？结果自然是邵青败退，而郭吉的这支水军也不战而逃。

此时的杜充也慌了，不过还剩下六万人可以调遣，于是他便派遣都统制陈淬前往应战。陈淬率领岳飞、戚方、刘立、路尚、刘纲等十七位将领，调集两万大军出战。杜充还不放心，又派出王燮指挥一万三千人马策应。

等陈淬来到马家渡之时，金军的鹘卢补、当海、迪虎等部队已经渡江，一时金兵甚多。幸好此时的陈淬并不是刘光世或者王燮，因为他的妻儿都被金军杀害，可谓国仇家恨聚于一身，他舍生忘死，率领两万将士奋勇杀敌。

因为这两万人是东京留守司的老部队，所以打仗非常勇敢，和金兵作战并不落下风。岳飞所率右军抢先出击，跟金国的汉人万夫长王伯龙激战了起来。

如果王燮能完成策应，马家渡是守得住的。但是王燮来了个临阵脱逃。这样一来，金军是越战越勇，宋军也是决不退缩，其都统制陈淬英勇奋战，至死不退，最后战死殉国。而岳飞此时也是坚持战斗，到了天黑实在不行，最后整顿军队屯聚在建康城外东北处的钟山。

这时候杜充六神无主，居然躲在家里不见人，甚至不见各位将官，而且动不动就杀人，好像这样就能树立自己的威信。岳飞见到自己的上司这个模样，十分气愤，强行闯入杜充的房里，泪流满面且慷慨激昂地对杜充说道："大人，如今金敌当前，就在淮南一带，可以说是横扫长江。现在也不是你卧薪尝胆的时候，你老这么深居简出，不问兵事，这还了得？万一敌人看到我们如此怠慢兵事，趁此时机进攻，你老这么不用心，怎可能保证诸位将官用命相抵呢？诸位将官既然不用命，建康自然要失守。那么你还能高枕无忧地待着吗？我以孤军效命，就算有万般能耐也是无济于事啊。"

要是别人这样说话，多半杜充又要来个杀人立威，不过他对岳飞倒是比较宠信和依赖，就没有发怒，只是对岳飞搪塞，说什么"来日再去"之类的话。虽然他向岳飞如此承诺，但是自己却并没有按照岳飞说的去办，还是闭门不出。

杜充接到马家渡战败的消息后，打算乘船逃命而去。可当他打开建康城门的水门，百姓的船只立即拥挤着抢先出城。杜充这回可着急了，连忙派人让民船让路，假说要去应敌。

百姓们再也不相信他的鬼把戏，也敷衍他说："我们也去应敌。"

杜充此时无可奈何，只好返回宣抚司衙门。百姓们都在大街小巷喧哗，责骂杜充说："杜充你这个老贼，斩了多少好人，却打算弃城先走！真不是东西！"

到了第二天，杜充终于亲率三千人马渡江逃离而去。完颜兀术派遣说客前往杜充那边劝降，并且允许杜充成立傀儡政权，杜充立即反叛，做了金国的走狗。

金兵用几天的时间才完全渡到江南，到十一月二十九日便全部集结在建康城下。到任不久的建康知府陈邦光不等金军攻城，便写好了投降书，派人送与完颜兀术，拱手把建康府送与金人。

全此，岳飞终于摆脱了杜充的约束，自带一军，开始独当一面。

▶ 孤军转战

完颜兀术渡江占领建康府后，急于活捉宋高宗。他稍作休整后，于十二月初，率主力经广德军（治广德，今安徽省广德县）、湖州安吉县（今浙江省安吉县东北），直扑临安府。

这个时候赵构吓破了胆，采纳宰相吕颐浩的建议，一心要从海上逃走。

岳飞在马家渡战败后，率领他的部队在钟山驻扎一两天，也带兵南下，准备孤军转战，边打边看。这个时候，统制刘经和后军统制扈成先后带领部队和岳飞会合，驻军于建康府句容县东南的茅山。岳飞提议南下广德，刘经表示赞同，扈成只是口头答应，等岳飞和刘经出发之后，扈成便带领后军往镇江府金坛县（今江苏省金坛市）去了。

岳飞从建康府行军到广德军的途中，受到了金兵的追击和堵截。岳飞军英勇战斗，前后六仗都打退了敌人，取得的金人首级就有一千二百多颗。这里的敌人有相当一部分人是河朔地区的老百姓，被金兵俘虏后，被剃头做了签军。岳飞对这样的人俘虏后就做他们的思想工作，让他们回金营后，在夜里放火，烧毁敌人的粮草和各种武器。岳飞乘机出兵劫营，里应外合，重创敌军。

到达广德军的钟村后，传来了朝廷逃跑的消息。许多宋朝的将士改行当了盗匪，岳飞的粮草也不多了，士兵的士气下降到了极点。有的士兵想逃走去当土匪，已经当土匪的也来拉岳飞的士兵入伙。大家都处于巨大的混乱和恐慌中。

第四章 岳家军

面对这种情况，岳飞召集全体将士说："我们都是国家的军人，吃的是国家的粮饷，理应忠义报国，如果投降敌人当了俘虏，溃散做了盗贼，苟且偷生，那不是大丈夫的行为。建康如果只剩下金兵、盗贼，我们就没有国家了。今后动歪心思的，一律斩首！"

这时候，那个先前向张所引荐岳飞的赵九龄在常州做了一员属官，他也受到常州知州周杞的委派，前来钟村，劝说岳飞移军常州城中。说在移屯之后，军队粮饷问题可以由地方政府供应。

岳飞就准备前往，但军队刚刚开拔，常州已被金人攻破。

这时候，有人向岳飞建议移屯常州宜兴县（今江苏省宜兴市）。宜兴知县钱谌等人闻知岳飞之威名，也特地写信给岳飞，欢迎他率军保护县境，并说县里的存粮足供一万军人吃十年。宜兴县东临太湖，北通常州，西面又逼近建康府通临安的大道，确是进可攻、退可守的军事基地。于是这年二月，岳飞统军进驻宜兴县。

岳家军纪律严明，对民间秋毫无犯，这使得宜兴百姓喜出望外，交相称誉。人们用朴素的语言称颂岳飞，说："父母生我也易，公之保我也难。"甚至很多外地人也争先恐后移居宜兴县避难。宜兴人民按中国古代的隆重礼节，出资为岳飞建造生祠，以表达大家的感激之情。

同时，岳飞对金人的签军采取了正确的招抚政策，他把他们视为自己的骨肉同胞，不歧视他们，而是尽量争取他们。于是，成千上万的签军争先恐后地前来归附。

这样，岳飞在混乱的大局下，带出了一支自己的队伍。他们被岳飞打造成一支战无不胜的威武之师，为后来的英勇抗金打好了基础。

▶ 光复建康

建炎四年（1130 年）三月，完颜兀术从镇江府撤军，他带着掠夺来的大量金银细软，准备渡江运到扬州去。但让完颜兀术没有想到的是，江淮一带竟然有一支强悍的水军，这支水军仅有八千来人，首领就是韩世忠。

韩世忠八千人马，把完颜兀术的十万大军围困在黄天荡长达四十八天。最后，被完颜兀术的火箭射退。

完颜兀术从黄天荡狼狈地跑回建康之后，将建康府城四周的防御工事又重新修建了一番：在蒋山、雨花台，都结扎了营寨；围绕城墙开凿了两道护城河；在附近的山岩下还开凿了凉洞，表示要在这里避暑久居。

此时，"海归"的高宗赵构，已经把越州作为"行在"。他看到金军还在建康府"逗留"，感到寝食难安，就调动一切可以调动的力量，试图收复建康。因为建康是当时北撤的金兵留在江南的最大的军事基地，如果能拔掉这根刺，赵构又可以苟且偷安一段时间了。

所以，赵构在长江中下游部署了刘光世、韩世忠、张俊这三支部队，但是这些人都拥兵自重，谁都不愿也不敢抢先去冒风险，接触敌人。

这时候，岳飞改任御营司统制，名义上受张俊节制，实际上岳飞一直独立行动。四月二十五日，岳飞在位于建康城南三十宋里的清水亭与金兵开战。岳家军士气高昂，奋勇杀敌，敌人横尸十五宋里。在这一战中，岳家军斩杀耳戴金、银环的金兵就有一百七十五个，活捉女真、渤海、汉儿军四十五人，缴获马甲、弓、箭、刀、旗、金、鼓等器械三千七百多件。

五月初，岳飞率军前往清水亭之西十二宋里的牛首山扎营。他派遣一百名军士，身穿金军的黑衣，在昏黑的夜里混入雨花台的金营，然后突然发乱，偷袭敌军。金军分辨不清敌我，自相攻击，乱杀一通，死伤无数。这以后，为防止岳家军再次劫营，金人不得不在营外增派巡逻部队，但很快巡逻部队又遭到岳家军的伏击而被歼灭。

五月初十，金兵放火把建康全城烧了，从静安镇（在今南京市西北）渡江，把劫掠的人和货物一齐运载到六合县的宣化镇去。这样，六合县便成了金兵兵马及其所掠获财物的集合地点。

岳飞探明金军从建康劫掠了大批人员、财物准备渡江北返的情况之后，便于五月十一日指挥岳家军直扑静安，追上敌人，拦腰予以猛击。曾经做过建康府通判的钱需，也是一条好汉，他在建康失陷之后，一直还潜伏在建康附近，纠率乡兵，随时随地掩杀女真入侵者。当岳飞在静安与敌军作战之际，钱需也率领乡兵，从敌人的侧面袭击上来。金军腹背受敌，吃了败仗。将士们又跳上尚未来得及逃跑的敌船，把敌人杀死于江水中。岸上的铠甲、兵器、旗鼓、辎重、牲口等，数以万计，都成了岳家军和钱需的战利品。

建康战役历时半月，被斩杀的秃头、戴耳环的金兵的首级就超过了三千，擒获千夫长留哥等二十多名军官。其中，仅静安一战，就俘金兵三百多人。

建康战役是岳家军的第一个辉煌的战绩。

名人名言·尊严

1. 如果你想受人尊敬，那首要的一点就是你得尊重你自己；只有这样，只有自我尊敬，你才能赢得别人的尊敬。

——［俄］陀思妥耶夫斯基

2. 灵魂高尚的人必自尊。

——［德］尼 采

3. 无论是别人在跟前或者自己单独的时候，都不要做一点卑劣的事情：最要紧的是自尊。

——［古希腊］毕达哥拉斯

4. 保持尊严地忍受贫穷，是贤智之士所固有的特征。

——［古希腊］德谟克利特

5. 要保持自己的尊严，必须凛然不可辱。

——［德］歌 德

6. 只有按道德行事，才能赋予生活以美和尊严。

——［美］爱因斯坦

7. 对人来说，最重要的东西是尊严。

——［印度］普列姆昌德

8. 每一个正直的人都应该维护自己的尊严。

——［法］卢 梭

9. 人的尊严只能实现于自由人之间。

——［法］卢 梭

10. 人假使没有自尊心，那就会一文不值。

——［俄］屠格涅夫

◁ 第五章 ▷

YUE FEI

转战江湖

明智者创造的机会比他发现的
要多。

——〔英〕培　根

▶ 奸臣秦桧

建炎四年（1130 年）九月，金朝统治者从南宋降官中挑选了原宋朝济南知府刘豫，册封他为"子皇帝"，国号齐，历史上叫作伪齐。伪齐定都原宋北京大名府，最后迁到开封府，金太宗把京东、京西等地划归伪齐管辖。

刘豫做了傀儡皇帝以后，任用了一批作战期间投降金朝的宋朝官吏。他借口宋朝政策太宽，实行严刑酷罚，横征暴敛，荼毒百姓。刘豫还招收一批无耻之徒充当鹰犬，又在他的统治区内招募壮丁，组成了武装部队。到后来，一些因受到南宋政府军的征讨而在南方无法立足的游寇和军贼，先后投降伪齐。这些降兵降将，逐渐成了伪齐政权用来祸害人民的工具。

完颜昌在扶持刘豫伪齐政权的同时，还派遣秦桧潜回临安，作为内应，伺机颠覆南宋政权。

秦桧，建康人，字会之。他在北宋末任御史中丞等官时，曾反对割地而主战。与宋徽宗、钦宗一起被金人俘获后，他立即变节，向敌人献媚。宋徽宗得知康王赵构即位，就致书完颜宗翰，与其约定和议，这份和议书就是秦桧修改加工润色的。这之后，秦桧还以厚礼贿赂完颜宗翰，金太宗把秦桧送给他弟弟完颜昌任用。从此，秦桧亦步亦趋地追随着完颜昌，逐渐成为他的亲信。金军攻打楚州，多次不能攻下，完颜昌就散发了一篇檄文，劝说楚州的守军和居民投降。这篇檄文也是由秦桧代作的。

秦桧南归后，自称是逃离虎口的宋朝忠臣，还说自己在北地时见到了皇帝赵佶，这自然引起了宋高宗的高度注意。于是，高宗急忙召见秦桧，想多了解金国和赵佶的情况。这时候的秦桧理应向赵构如实地分析一下金朝统治集团内部存在的弱点，尤其是几大军事首脑人物之间的矛盾斗争和钩心斗角等，那才是作为一个汉人、

秦 桧

一个宋朝子民应该做的事。但是，秦桧是一个彻头彻尾的奸臣，他只是一心想做金朝主子的忠顺奴才。因此，他在见到赵构之后，只是说自己被完颜昌所宠信，南宋政府应向金朝表示降服，以及他自己能够帮助赵构完成投降这些谗言。甚至连向完颜昌乞降的国书，他也已经替赵构写好。

这时，赵构很看重秦桧与完颜昌的关系，立即任命他为礼部尚书，后来又升秦桧为宰相。

取得高宗的信任后，秦桧提出"南人归南、北人归北"的政策。等于正式承认关陇、华北和中原之地归敌、伪所占领，恢复失地之事再也不容提及了，结果受到朝野上下一致声讨，也有人开始质疑秦桧是敌人派来的间谍。赵构也气愤不已，他向人说道："秦桧主张要使南人归南，北人归北，我就是一个北方人，将归往哪儿去呢？"于是，赵构罢免了秦桧的宰相之职。但高宗为了保持一条同金朝妥协的渠道，没有给予秦桧更严厉的处分，为以后宋金议和时重新起用他留了一条退路。

自从金军入侵以来，天下大乱，流寇盗匪横行。这些流寇大多是溃兵游勇，他们千百为群，四处流窜，洗劫州县，烧杀抢掠，无恶不作。岳飞就多次提出攘外必先安内的战略思想。这时候南

宋统治者也认识到了这一点，就把张俊改为江淮路招讨使，要他去负责征讨这些流寇，并下令给驻扎在江淮地区，包括退屯在江阴境内的岳飞的部队在内的军事力量，让他们一律听从张俊的节制。

但是岳飞的想法和朝廷是有差异的。朝廷把所有的割据武装，包括北方抗金义军都视为盗贼，而岳飞则拟订了"联结河朔之谋"，他认为，要对金朝发起大反攻，前线的正规军与河朔等地的民众抗金武装协同作战，方能成功。

但对于无恶不作的匪患、金朝伪齐的走狗，岳飞是主张坚决予以打击的。从绍兴元年（1131年）到绍兴三年（1133年），岳飞奉命转战于江、湖（指江南东、西路和荆湖南、北路）之间，从事"安内"的军事斗争。

▶ 讨伐曹成

绍兴二年（1132年）正月末，朝廷调岳飞到潭州担任知州，兼荆湖东路安抚使、都总管，后又起用抗战派领袖李纲为荆湖、广南路宣抚使，拨岳飞等将领归他节制。这样做的目的就是让岳飞剿灭曹成。因为马友、李宏接受宋朝的官封，所以朝廷也命令马友、李宏都接受岳飞的节制，听他的调遣，一起攻打曹成。

朝廷下达作战命令后，很多人表示担忧。李纲认为岳飞兵数不多，钱粮缺乏，难以取胜，坚决要求宋廷另派韩世忠大军，自福建路前往荆湖东路等地，增援岳飞。江南西路安抚大使李回则害怕岳飞的出兵引起马友、李宏的反感，如果这两人从中作祟，岳飞的处境就会非常危险。

他们的担忧是有道理的，当时岳家军的兵力为一万两千余人。岳飞留下两千人驻守吉州（治庐陵，今江西省吉安市），保护军人眷属，他率领其余的一万多人进驻与荆湖交界的袁州（治宜春，今江西省宜春市）。在出征的一万多人中，有三成是火头军和辎重兵，能上阵杀敌的其实只有七千余人。

就在这些人犹犹豫豫的时候，曹成先发制人，他放弃道州的巢穴，分兵两路南下。东路兵攻占广南西路的贺州（治临贺，今广西壮族自治区贺县东南），并侵犯昭州（治平乐，今广西壮族自治区平乐县）和广南东路的连州（治桂阳，今广东省连州市）、封州（治封川，今广东省封开县）；西路兵北上永州（治零陵，今湖南省永州市），折往全州（治清湘，今广西壮族自治区全州县），再南下进犯广南西路首府桂州（治临桂，今广西壮族自治区桂林市），势头非常强劲。

这时候，岳飞的前哨部队已抵达衡州茶陵县（今湖南省茶陵县）。在探知曹成军的动向后，岳飞便继续进兵，经郴州（治郴县，今湖南省郴州市）、桂阳监（治平阳，今湖南省桂阳县），直抵道州，尾追曹成匪军。

马友和李宏两部既不协助岳飞，也不支援曹成，而是按兵不动，坐观胜负。

当曹成探知岳飞的军队即将追及时，他争先控制了贺州境内的险要之地莫邪关。闰四月初六，岳飞派遣前军统制张宪去攻打这个关口。张宪有个亲兵，名叫郭进，外号"大马勺"，因为他总是吃不饱饭，自己就随身带了个大马勺盛饭。他气力很大，作战勇猛，这次他就冲在最前面，抢枪刺死敌方的旗头，也就是小队长。贼众纷纷逃散，官军遂得夺关而入。

战后岳飞解下自己的金束带，另加银器，赏给郭进，并将他补官秉义郎。

这次立功的还有第五将韩顺夫，是他带领官军夺关的。这人好酒贪杯，而且喜欢调戏妇女。在胜利进关之后，他脱掉身上的盔甲，解掉马上的鞍鞯，想好好享乐一番。这时候埋伏在附近的曹成部下悍将杨再兴乘着岳家军欢庆胜利、放松戒备的机会，率军反扑。他带兵攻进韩顺夫的兵营，官兵全未意料到这次突然袭击，仓促间未能组织力量抵抗，被打败了，又从关内退了出来。韩顺夫本人，则因被杨再兴砍掉了一只胳膊而死。

岳飞非常生气，不仅因为战败，更因为韩顺夫胡作非为。他认为，韩顺夫的亲随兵和韩顺夫一同胡作非为，也是犯了军法的，因而也把他们一律处斩。他还下令给第五副将，要他必须把杨再兴活捉到，以赎这次败军之罪。

不久，前军统制张宪和后军统制王经一同前来会师，重新与杨再兴交战。这次官军数量占绝对优势，但杨再兴却非常骁勇，不但没被捉获，反而将岳飞的弟弟岳翔当阵杀死。然而他个人的骁勇并不能挽回败局，岳家军屡次打败曹成军。

闰四月初，岳家军进军到贺州境内，决意剿除曹成的东路军。曹成在太平场设立营栅，严阵以待。岳家军在距离敌营几十宋里外，也立营设寨。一日，军中捉到一名敌探，岳飞便心生一计，命军吏向他假报军粮告竭，岳飞对军吏说"没有粮草了就回去吧"之类的话，并且有意让敌探听到此语，再设计放敌探逃走。曹成得到假情报，喜出望外，放松了防备，还盘算着待岳飞退兵时，如何进行追击。不料在四月五日的拂晓，岳家军绕到他的背后，展开奇袭，攻破并焚毁了太平场的曹成营栅。

又经过十来天的战斗，曹成被彻底击溃，落荒而逃。杨再兴则向着静江军（今广西壮族自治区桂林市）的方向逃窜。杨再兴自莫邪关一战出名后，很多岳家军的将士都认识他，所以大家紧追不舍。杨再兴走投无路，跳入深涧之中，军士们张弓搭箭，准备射死他。杨再兴大喊："我是好汉，不要杀我，把我带去见岳飞吧。"

杨再兴束手就缚，张宪将他押解回军。岳飞见后，不计较杀弟之仇，还亲自帮他解开绳索，说："我和你是同乡人，我知道你是好汉，决不杀害你。你应当从此改过，以忠义报答国家。"便将杨再兴收为部将。从此以后，杨再兴就追随岳飞南征北讨，成为岳家军的一员大将。

这时候，岳飞召集王贵、张宪和徐庆三员最信任的部将，分析了形势后让他们三人只斩杀其中顽抗的首领，招抚他们的士兵，不要滥杀。

曹成被打得实在没地方躲了，就接受了新近前来荆湖的韩世忠军的招安。曹成残部郝晸不肯投降，逃窜到沅州（治卢阳，今湖南省芷江县）一带。这伙人都在头上罩一条白巾，号称"白头兵"，叫嚷着一定要为曹成报仇，要和官军抵抗到底。但是张宪很快追上他们，结果他们还是归附了张宪。

岳家军往返追奔数千宋里，独力击溃了在兵力上占很大优势的曹成匪军。战后，岳家军兵力陡增一倍，达两万三四千人，与东南大将韩世忠、刘光世、张俊等军相差不多。

闰六月，宋廷擢升岳飞为中卫大夫、武安军承宣使，仍属从五品。岳飞路过永州祁阳县（今湖南省祁阳县）大营驿时，写了一篇题记："权湖南帅岳飞被旨讨贼曹成，自桂岭平荡巢穴，二广、湖湘悉皆安妥。痛念二圣远狩沙漠，大下靡宁，誓竭忠孝。赖社稷威灵，君相贤圣，他日扫清胡虏，复归故国，迎两宫还朝，宽天子宵旰之忧，此所志也。顾蜂蚁之群，岂足为功？过此，因留于壁。绍兴二年七月初七日。"

▶ 治军有方

　　岳飞治军的特点在于把"仁、信、智、勇、严"这五要素的次序进行调整，而把"仁"字放在第一位，这应该是受到儒家思想的影响。岳飞曾经在奏折中说："臣闻正己然后可以正物，自治然后可以治人。"岳飞治军，主要还是以"信、智、勇"来要求自己，以"仁、严"来约束部下。

　　首先说"仁"。南宋初年，财政拮据，军士们的吃穿是个大问题，生活非常艰难，军队断炊、缺衣等情况是经常发生的。这也是很多部队被击溃后立刻转化为盗匪的原因。因此，岳飞规定，凡是损坏庄稼，妨碍农作，买卖不公平的，要处死刑。有一个士兵，私取老百姓的一缕苎麻用来捆马草，岳飞查实后，当场将其斩首。部队行军宁愿露宿村头，也不敢去惊动村民；即使村民请他们进屋去住，如果没有上级命令，依然不敢进去。如果住在老百姓家里，起床后第一件事是把铺草捆好，接着洒扫门庭，帮助房东家洗涤盆碗。这些工作做好后，队伍才离开。"冻死不拆屋，饿死不掳掠"的口号，正是岳家军在忍饥受冻的情势下，仍维持军纪的真实写照。绍兴二年（1132 年），岳家军破曹成后屯驻江州，钱粮缺乏，很多将士靠杀马吃肉艰难度日，并未发生抢掠事件。后岳飞将部分军队移屯于筠州、临江军、兴国军等地，方得以渡过难关。

　　所以说，岳家军是真正的人民的军队，非常爱护老百姓，也深受老百姓的爱戴。

岳飞还重视对军队的爱国主义教育。每次在打仗前都要开誓师大会，他说起国家正在遭受的灾难，往往说着说着就由于过于愤慨而一时语塞，说不出话来，兵士们都被他所感动，愿效死力。

　　岳飞对自己却接近于虐待，吃得非常差，经常与最底层的军士共餐。酒肉一定均分部属，如果酒太少，就掺了水大家一起喝。行军时，如果军士露宿的话，他自己也就露宿。出征时，他命妻子李娃遍访将士家属，嘘寒问暖，遇到特别困难的，还在金钱上给予接济；战斗时，对于新兵，只简单要求军士手里把枪拿稳就可以；战斗结束后，亲自慰问伤病者，甚至亲手调药，吊唁战死者，抚育孤寡，"或以子婚其女"。岳飞的大儿媳巩氏之父和二儿媳温氏之父，即是"死事者"。

　　岳飞的仁，还体现在对待战俘上。在吉州和虔州擒获的大批俘虏，赵构密令杀掉，岳飞不惜拿自己的功名作赌注，多次上奏，最后才救了这些人的性命。

　　岳飞的信，就是赏罚公平。岳飞平常对于部下凡立有战功者，均予升赏，即使无名小吏，也不遗漏。他对自己的儿子岳云却异常严苛。有一次，岳云身披重铠，练习飞马冲下陡坡，不慎马翻人仰。岳飞大怒，说："前驱大敌，亦如此耶？"说完下令将岳云斩首，经众将说情后，改为责打一百军棍。

　　岳飞的智，就不用多说了，他的谋略、军事才能在每一战中都有体现。

　　岳飞的勇，体现在他在战斗中总是身先士卒，带头冲锋陷阵。古代战争，全靠旗头的旗帜来指挥，旗进则众进，旗退则众退。因此，旗头成了敌人的"众矢之的"，是十分危险的。岳飞从列校到部将，直至统帅，凡是他亲自参加的战斗，总是身先士卒，冲锋陷阵，"自为旗头"。

　　岳飞的严，源于他自己的出身和经历。他深知百姓受军队欺压、士卒受将领凌虐的痛苦，对腐败的军政和军风深恶痛绝。他不惜用铁的手段，维护军队的纪律和声誉。自建炎三年（1129年）独立成军后，岳家军一直以"纪律严明，秋毫不犯""兵不犯令，民不厌兵"而著称于世。岳飞在军界崭露头角之际，给人印象最深的，尚不是战功，而是军纪。

岳飞的部众原来大都是亡命之徒，他们个性都比较凶悍，岳飞不得不以严明的军纪来约束他们，有时候甚至是用杀人来震慑他们。

岳飞的严，更多的是为了体现仁，尤其是对老百姓的仁。他尽量使军人和百姓不接触或少接触，每到一地，岳飞必要亲自带十几个人到处视察，检查军纪的执行情况。

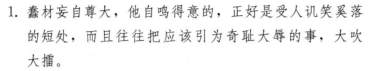

名人名言·骄傲

1. 蠢材妄自尊大，他自鸣得意的，正好是受人讥笑奚落的短处，而且往往把应该引为奇耻大辱的事，大吹大擂。

—— [俄] 克雷洛夫

2. 不管我们的成绩有多大，我们仍然应该清醒地估计敌人的力量，提高警惕，决不容许在自己的队伍中有骄傲自大、安然自得和疏忽大意的情绪。

—— [苏联] 斯大林

3. 啊！夸奖的话，出于自己口中，那是多么乏味！

—— [法] 孟德斯鸠

4. 我们各种习气中再没有一种像克服骄傲那么难的了。虽极力藏匿它，克服它，消灭它，但无论如何，它在不知不觉之间，仍旧显露。

—— [美] 富兰克林

5. 懒于思索，不愿意钻研和深入理解，自满或满足于微不足道的知识，都是智力贫乏的原因。这种贫乏通常用一个词来称呼，这就是"愚蠢"。

—— [苏联] 高尔基

6. 事情还没有做成就吹牛皮夸口，的确糟糕透顶。

—— [俄] 克雷洛夫

7. 真正骄傲的人心中没有胜过他的人，也没有不如他的人。前者他不认同，后者他不屑一顾。

—— [英] 哈兹里里特

◁ 第六章 ▷

YUE FEI

收复襄阳

文官不爱钱，武官不惜死。不患天下不太平！

——〔宋〕岳 飞

▶ 慷慨渡江

在岳家军转战江、湖的时候，南宋官兵和北方起义军的联军也在和伪齐政权作战。起先，活跃在洛阳之南的伊阳山寨的翟兴领导的义军不停地打击伪齐政权。刘豫多次派兵进行围剿，但屡战屡败，后来他买通内奸将翟兴暗杀。翟兴之子翟琮发誓为父报仇，不断攻击伪齐，力图消灭刘豫政权。翟琮一方面联合南宋襄阳驻军统帅神武左副军统制李横、随州知州李道，另一方面联络伪齐政权内部伺机起义的爱国将领彭圯、赵起、朱全、朱万成等，向刘豫政权发动进攻。李横、彭圯等为一路，先后攻克汝州、颍昌、信阳等地，从东路直逼汴京。翟琮率赵起、董贵、赵通等攻入洛阳，处死了伪齐河南尹孟邦雄。李道招降了伪齐唐州知州胡安中。

绍兴四年（1134 年）春季，金朝发动了十万人马，由陕西南下，直奔四川。二三月间，抗金名将吴玠在仙人关（今陕西省凤县西南）痛击金军，此后屡战屡胜，把金兵打得落花流水，还先后收复了三年前被金人占领的秦川五路中的凤、秦、陇等州。

岳飞虽然一直在江、湖地区平定流寇，但是他却一直想着打击金兵，恢复故土。河朔是岳飞的家乡，他不能不挂念饱受敌人凌辱的大片沦陷地区，不能不挂念着那些在金朝、伪齐奴役下的乡邦的父老兄弟。他热切盼望着"复归故国"，打回老家。

绍兴四年（1134 年）的二月，岳飞向南宋王朝上了一道奏章说："……今日之计，正当进兵襄阳，先取六郡，李成不就絷缚，

则亦丧师远逃。于是加兵湖湘，以殄群盗，要不为难。而况襄阳六郡，地为险要，恢复中原，此为基本……"岳飞规划了一个先李成、后杨幺的用兵方略。

这时候，南宋朝廷为了襄汉的战事，也多次进行详细的商讨。宰相朱胜非说明了襄汉的得失已关系到小朝廷的安危存亡，赵鼎则举荐岳飞，说能打下襄阳的只有岳飞。于是，赵构决定由岳飞出师襄汉，刘光世派兵增援，王燮仍按早先的布置，钳制洞庭湖的杨幺军。

绍兴四年（1134 年）三月十三日，南宋朝廷正式向岳飞下达了出兵命令：

第一，正式任命岳飞为荆湖北路前沿统帅。荆湖北路安抚使司颜孝恭和崔邦弼两统制的兵马、荆南镇抚使司的兵马，都暂时受岳飞节制。

第二，命令岳飞指挥所部军马，在当年麦熟以前，克复京西路的襄阳府及唐、邓、随、郢四州和信阳军。

第三，强调自通使议和以来，朝廷约束诸路，不得出兵攻打，只因李成出兵南侵，才有必要收复襄阳府等六郡。故此次出师，只能以此六郡为限。如敌人逃遁出界，不须远追。

第四，岳飞本军每月现支钱十二万余贯，米一万四千余石。总共四十万贯钱、米六万石，以作军需。四十万贯钱实际上是用十万两银和五千两金支付的。又另加二十万贯钱作为奖金。

第五，收复襄汉六郡后，由岳飞差官防守，用当地的官员也可以，用牛皋等旧将也可以，朝廷不加干涉，战后岳飞的大军要回大江沿岸驻扎。

牛皋，字伯远，汝州鲁山县（今河南省鲁山县）人，是有志气也有勇气的人。他比岳飞年长十六岁，当时已四十七岁。牛皋当过弓手，曾组织当地民众抗金，在京西路一带与敌军进行过十

第六章　收复襄阳

余战，每战皆捷。他出任岳飞的中军统制，后改任左军统制。

董先，字觉民，河南府洛阳县（今河南省洛阳市东）人，他原是翟兴的统制。他曾在商州（治上洛，今陕西省商州市）、虢州（治虢略，今河南省灵宝市）等地抗金，屡立战功。岳飞任他做踏白军统制。

赵构又下亲笔手诏，要韩世忠以万人屯泗上为疑兵，要刘光世、荆湖北路安抚使刘洪道、江南西路制置使胡世等，想方设法支持岳飞。

赵构又下令从张俊的神武右军和杨沂中的神武中军中分别选装备到位的战马各一百匹，拨给岳家军；又亲写手诏给岳飞，给岳家军的王贵、张宪和徐庆三将领颁赐捻金线战袍各一领、金束带各一条。

最终，岳飞用于进攻襄汉六郡的总兵力，在三万五千人左右。

准备妥当后，岳飞打着"精忠岳飞"的军旗，带领将士们慷慨渡江，杀奔郢州而来。岳飞在江心对幕僚们慷慨发誓说："我不擒住贼人的主帅，收复故土，不再渡江回来！"

▶ 光复襄阳

五月初五，岳家军兵临郢州城下。岳飞跃马环城一周，亲自侦察敌情。岳飞派张宪去劝说荆超主动投降，他不接受，而且依靠长寿县的伪知府刘楫，闭城固守。岳飞派张宪在城下喊话，希望他们不要为刘豫卖命。刘楫为了稳定军心，在城上大喊"各事其主"，拒绝投降，然后还在城上把张宪和岳飞大肆辱骂一番。岳飞大怒，他说，等到把郢州城攻下之日，一定要活捉刘楫治罪。

于是，一场激烈的攻城战开始了。岳飞亲自率众攻城，郢州城墙高大，一时难以攻破。这时候，后勤还没有跟上，军粮只够吃两餐饭了。岳飞却很有信心，说："没事，明天就可以破城。"

第二天黎明，岳家军发起总攻。战斗异常酷烈，岳飞正在指挥，忽然有一大块炮石飞坠在他面前，左右都为之惊避，岳飞却纹丝不动。将士们奋勇争先，踏肩登城。战不多时，将士们攻占城头，杀死敌军七千人。郢州城中，敌尸遍地，战后把尸首堆积起来，竟和城中的天王楼一样高。荆超先自投崖自杀了，刘楫果然被活捉了来。岳飞对这个死心塌地的败类责以大义，下令将他面南斩首。以前因伪齐军队的占领而逃离郢州城的一些民户，也都回到他们的故居。

岳飞在攻下郢州城后，乘胜兵分两路，张宪和徐庆率军朝东北方向进攻随州，岳飞本人率主力往西北方向猛扑襄阳府。

襄阳的李成是岳飞的手下败将，他看到岳家军雷轰电击般的军威，想到这支威武之师一天就消灭了荆超军，不由得心惊胆战。他再无勇气坚守，只得仓皇逃遁，来了个溜之大吉。十七日，岳飞兵不血刃，顺利进入襄阳。

岳云也参加了攻打随州的战役。作为岳飞的儿子，他勇冠三军，手持两杆数十宋斤重的铁锥枪，第一个登上随州城垣。岳云享有的声誉，最初就是在此时此地赢得的。岳飞鉴于儿子去年无功受禄，问心有愧，所以这时候正式上报岳云一份战功。官兵们也都没有异议，反而钦敬统帅办事公正。

伪齐的刘豫、李成等人还不甘于失败，又添加一些番兵和签军，在新野、龙陂、胡阳、枣阳等县以及唐州、邓州一带屯驻，人马数量很大，号称有三十万大军，伺机反扑。

这时候，南宋皇帝赵构很担心。岳飞不得不上奏章表明：襄阳、随、郢诸地，一定能够固守；唐、邓、信阳三地也一定要前往攻取，不管敌、伪双方发动多少人马应战，一定能攻取到手。

六月六日，李成再次反扑。岳飞察看敌方的阵势后，大笑说："这个李成多次被我打败，还不吸取教训，他根本不会打仗。他把骑兵放在江岸，却把步兵放在平地，虽然人多，也没有用！"于是，岳飞令王贵带步兵在江岸战李成的骑兵，用牛皋带骑兵打李成的步兵。伪齐军经受不住这两员虎将挥兵猛攻，一败涂地。李成的骑兵更是乱作一团，前列骑兵溃散之后，将后列骑兵拥挤入水中。岳家军追奔逐北，敌军横尸二十余宋里。李成经历了此次大败后，再也不想向襄阳府用兵了。赵构害怕了，要岳飞看着办，允许岳飞半途而废，放弃继续攻取唐州、邓州和信阳军的计划。岳飞把这个省札扔到了一边，因为这个省札到手的时候，岳家军早已把邓州攻占了。

七月十五日，王贵和张宪两军在邓州城外三十余宋里处，同数万金齐联军激战。王万和董先两部出奇兵突击，一举粉碎了敌军的顽抗。在这几个方面的会合掩击之下，李成、刘合孛堇的兵马在各条战线上都被击败，最后李成、刘合孛堇只有逃跑，仅指定其部将高仲进入邓州城内拒守。岳家军俘降"番官"杨德胜等二百余人，夺取战马二百多匹，缴获兵器数以万计。

十七日，岳家军猛烈攻打邓州城。将士们不顾敌人的箭石，实行强攻，岳云又是第一个登城的勇士。岳家军攻拔邓州，活捉了高仲。岳飞看到儿子又立新功，喜上心头，但他认为岳云已有随州之功，便不再将邓州之功申报。事隔一年，宋廷查清此事，方才将岳云升迁武翼郎。自此之后，凡是岳云立下战功，岳飞一律扣押不报。由于岳云勇猛善战，屡建殊勋，将士们都称他为"赢官人"。

六天之后，即七月二十三日，在岳家军大败金与伪齐联军的同时，岳飞命选锋军统制李道收复了唐州。八月中旬，岳家军打下信阳军。两次战斗俘虏伪齐知州、知军、通判等官员共五十名。

好笑的是，七月二十六日，刘光世的五千援军才赶到襄阳府，此时已无仗可打。

收复襄阳的战役使南宋头一次收复了大片失地。这是南宋立国八年以来，进行局部反攻的一次大胜利。

▶ 满江红

为了实现承诺，也为了进一步拉拢岳飞，绍兴四年（1134年）八月，赵构将岳飞由正四品的正任镇南军承宣使超升为从二品的清远军节度使，其实职差遣改为湖北路、荆、襄、潭州制置使，依然是神武后军统制，暂时驻扎在鄂州。此处的"荆"是指荆南府（治江陵，今湖北省荆州市），"襄"是指襄阳府。宋廷命岳飞"制置"荆湖南、北路的首府潭州和荆南府以及荆湖北路，是因为王燮对洞庭湖的杨幺没有办法，准备让岳飞回师洞庭湖。

宋朝的管制依承唐朝制度，节度使是虚衔，一般不必亲自赴任。节镇和武将的军事辖区也无须一致。比如岳飞是清远军节度使，清远军设在广南西路的融州（治融水，今广西壮族自治区融水县），岳飞并不用真的跑到融州上任。

说到底，节度使是虚衔，是武官的最高荣耀，这从旄节的颁发仪式可见一斑。凡封拜节度使，朝廷要授予一套很威风的"旄节"，包括龙、虎红绣门旗各一面，画白虎的红绣旄一面，用一束红丝做旄的节一杆，磨枪两支，用赤黄色麻布做的豹尾两支。全套旄节共五类八件，都用黑漆木杠加以种种装饰，制作精美。旄节自宋廷发出后，沿途所至，宁可"撤关坏屋，无倒节礼，以示不屈"。隆重而别致的"建节"仪式，为其他的文官武将所无，特别用以显示节度使是武人升迁梯级中最重要的虚衔。

岳飞再三上奏辞免节度使。这种做法在当时已是司空见惯的，得到这样大的荣耀，要在礼节上推辞一番。清远军节度使的旌节自临安府发到鄂州，全军将士都引以为荣。

岳飞驻守鄂州后，念念不忘在金兵统治下的北方人民，一心想着早日恢复故土。一天，岳飞登上鄂州的一座高楼，他看着缓缓的河水，仰望辽阔的天空。这时正好是雨后，祖国的大好河山更加锦绣明媚。岳飞触景生情，祖国的危难、个人的遭际，一齐涌上心头。北方的同胞还等着祖国的军队去收复国土，任重而道远，襄汉之役的成功又何足挂齿？至于个人的功名利禄，更如尘土一般。岳飞满怀激情，作出了伟大的爱国词《满江红》：

怒发冲冠，凭阑处，潇潇雨歇。抬望眼，仰天长啸，壮怀激烈。三十功名尘与土，八千里路云和月。莫等闲，白了少年头，空悲切！

靖康耻，犹未雪；臣子恨，何时灭？驾长车，踏破贺兰山缺。壮志饥餐胡虏肉，笑谈渴饮匈奴血。待从头，收拾旧山河，朝天阙。

这首词的上阕抒发作者满腔忠义奋发的豪气，大意是：大雨刚过，我怀着激动的心情，靠着栏杆远望。面对着苍茫天地，我发出长啸，抒发满怀难酬的壮志。我已三十岁

岳飞题写《满江红》

了，虽然曾经在抗金的战斗中建立了一些功绩，但是，那些功绩就像尘土一样轻微，不足称道。我踏过几千里的遥远路程，日日夜夜在风霜雨露里行军和战斗。这样的生活，我还要继续。时间

是不等人的，一晃就这样过去了。不要让光阴随便溜走，虚度了青春。等到头发变白的时候，再来悲伤、懊悔已来不及了。

在下阕里，岳飞回顾了国破家亡的耻辱，倾诉了渴望收复失地的强烈愿望，反映了当时朝野上下的共同利益与迫切要求，激发了广大群众对祖国的热爱。他满怀激情地说，靖康年间的奇耻大辱，至今也不能忘却。国家臣子的愤恨，何时才能泯灭！我要驾上战车，踏破贺兰山缺。我满怀壮志，发誓喝敌人的鲜血，吃敌人的肉。待我重新收复旧日山河，再带着捷报向我的祖国报告胜利的消息吧！

岳飞工诗词，虽留传极少，但这首《满江红》英勇而悲壮，深为人们所喜爱。它真实、充分地反映了岳飞精忠报国、一腔热血的英雄气概，是一首气壮山河、传诵千古的名篇。词里句中无不透出雄壮之气，充分表现了作者忧国报国的壮志胸怀。

近千年来，岳飞的爱国主义精神，一直激励着华夏儿女为祖国献身效力。

▶ 平定杨幺

绍兴五年（1135年）春，岳飞再次被高宗召见。这次他被封为武昌郡开国侯，迁荆湖南北襄阳府路制置使、神武后军都统制，并受命前往湖南镇压杨幺起义军。

岳飞来到洞庭湖后，制定了攻心为主、武力为辅的策略。由于岳飞"攻心为上，攻兵为下"的战略，所以战斗并不是很激烈，杀人不多，而持续六年的一方割据政权就这样土崩瓦解了。

"赢官人"岳云在这次战役中，又是功居第一，而岳飞一如既往，不予上报。宰相张浚得知实情，也颇受感动，说："岳侯躲避名利到这种地步，清廉是清廉，就是对岳云不公平啊。"遂特向赵构上奏，说明原委。原来在绍兴五年（1135年）二月，宋高宗已特授岳云为门宣赞舍人，岳雷为门祗侯，当时岳飞就表示异议，不肯接受，但是没有办法驳回皇帝的成命，所以这次就隐瞒不报，拼命推辞。

杨幺军被瓦解后，对如何处置包括家眷在内的二十多万叛乱者，各方看法不一样。牛皋认为要全部杀掉以示军威。岳飞却不这么认为，他说："杨幺之徒，本是村民，先被钟相以妖怪诳惑，次又缘程吏部怀鼎江劫掳之辱，不复存恤，须要杀尽，以雪前耻，致养得贼势张大。其实只是苟全性命，聚众逃生。今既诸寨出降，又渠魁杨幺已被显诛，其余徒党并是国家赤子，杀之岂不伤恩，有何利益？况不战屈人之兵，而全军为上，自是兵家所贵；若屠戮斩馘，不是好事。但得大事已了，仰副朝廷好生之意，上宽圣君贤相之忧，则自家门不负重责，于职事亦自无惭也。"

他把这些人看成是"国家赤子"，不主张屠杀，而是要宽恕他们。他还又连喊了几声"不得杀"，牛皋等人不敢再多说什么。

岳飞就是这样一个以仁义为本的贤明大帅。他不以杀人为乐，不用杀人立威。无论对虔州叛军，还是对杨幺叛军，岳飞都是本着这个宗旨进行处置的。这一回，赵构主动表示了对岳飞的措置的赞赏，而不是像上回那样主张屠杀，也许是因为赵构也渐渐了解了岳飞的仁义之心，知道他必不滥杀吧。他识趣地给岳飞下手诏，把他夸奖了一番。

岳飞的具体处理措施是这样的：两万七千多户老弱给予一定的米粮后遣散，几万名壮丁则编入军队。有的比较完整的水军，给他们独立的番号，并不隶属于岳飞。还有少部分无家可归又没有战斗力的人，被遣送至遥远的镇江府，在那里务农。

岳飞督促这些事情办得差不多后，准备撤离湖湘，回到鄂州等地驻防。临行前，他的幕僚黄纵给他出主意说："这次兵不血刃平定这么多的叛军，他们只见到了将军的仁德，没有见到将军的威严，只怕我们走了他们又反叛，还是得给他们点厉害瞧瞧，不如在这里炫耀一下我们的武力。"岳飞认为此说有理，便在鼎州一带大举阅兵。岳家军军律严整，旗帜鲜明，前来观看阅兵仪式的人都被震慑了。

岳飞在鼎州一带的军事行动赢得了当地人的交口称赞，即使好几十年后，当地人听到岳飞的官称，也必定把手放在额头上，表达对岳飞的敬意。

岳飞来到这里仅两个半月，就解决了宋朝积年的心腹之患。这样终于有了一个安定的后方，从此就可以专心抗金了。

第六章 收复襄阳

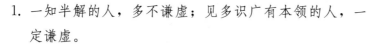

名人名言·谦虚

1. 一知半解的人，多不谦虚；见多识广有本领的人，一定谦虚。

——谢觉哉

2. 谦以待人，虚以接物。

——鲁　迅

3. 一个真认识自己的人，就没法不谦虚。谦虚使人的心缩小，像一个小石卵，虽然小，而极结实。结实才能诚实。

——老　舍

4. 越是没有本领的，就越加自命不凡。

——邓　拓

5. 骄傲自满是我们的一座可怕的陷阱；而且，这个陷阱是我们自己亲手挖掘的。

——老　舍

6. 昂着头出征，夹着尾巴回家，是庸驽而又好战的人的常态。

——冯雪峰

7. 谦让是身体的良心。

——［法］巴尔扎克

◁ 第七章 ▷

YUE FEI

积极北伐

勇冠不足恃，用兵在先定谋。

——〔宋〕岳 飞

▶ 整顿军务

成长关键词

↓

爱国、正直、勇敢

　　绍兴五年（1135年）的秋后，南宋小朝廷进入了一种比较稳定的政治态势，小日子过得滋润起来。这时，南宋统治阶级中只要有点民族意识的人，都在想着迎回两位皇上，收复中原。沦陷区的广大人民，也在盼望南宋政权出兵北伐，把他们解救出来。但是赵构只希望能够苟安一隅，能和金与伪齐互不侵犯，继续坐在这个小朝廷的宝座上享受奢侈的生活就足够了。以前对金、伪齐作战，都不过是为了自保，主动出击是赵构想也不敢想的事情。

　　绍兴五年（1135年）岁末，赵构下令更改五支屯驻大军的军号，一律由"神武军"改称"行营护军"。张俊军称行营中护军，韩世忠军称行营前护军，岳飞军称行营后护军，刘光世军称行营左护军，吴玠军称行营右护军。当时人们习惯"以姓为军号"，所以有张家军、韩家军、岳家军之称。岳家军先后有四个军号：神武右副军、神武副军、神武后军和行营后护军，但随着历史的发展，人们只记得岳家军这一称号，这和岳飞的个人品德和才能是分不开的。

　　这时候的岳家军，兵力大大扩充。在瓦解了杨幺军之后，杨幺军中的五六万身强力壮者，大都被编入岳家军。这部分人马在岳家军中占到一半左右，他们大多没有受过正规的军事训练。因为这部分人的战斗力直接关系到岳家军的整体素质，所以，岳飞把训练这支部队当作当时的主要任务。他依靠张宪、王贵、徐庆、牛皋等心腹控制各部兵马，对这些人进行了军纪、军风和战役战

术训练。这些人的战斗素质很快得到提高，他们也能服从岳飞的管教，而效命于抗金战场。

另外还有一部分官兵被拨给岳飞，主要有：江南西路安抚司统制祁超、统领高道等部，约八千五百人。此后，又增拨统领丘赟所部，近一千五百人；荆湖南路安抚司统制任士安、郝晸、王俊及统领焦元等部，有一万多人；另外还有都督府左军统制杜湛率领的几千蔡州兵。

这样，岳家军由三万多人陡增至十万人以上，在往后的岁月里，也大体维持此数。与当时各支大军相比，岳家军不但兵力最多，而且素质最好，成为名副其实的抗金主力军。

岳家军后来扩充到了十二军，分别是背嵬军、前军、右军、中军、左军、后军、游奕军、踏白军、选锋军、胜捷军、破敌军、水军。其中，背嵬军是精锐中的精锐，战士经过优先选拔，是无坚不摧的精锐。可以说，这支部队是岳家军的精英。背嵬军大约有骑兵八千，步兵也有数千。在此后的一系列战斗中，背嵬军起到了中流砥柱的作用，而岳云就是背嵬军中最重要的将领之一。

在人事安排上，王贵任中军统制、提举一行事务，张宪任前军统制、同提举一行事务。他们两个成为岳飞的左右手，可代替岳飞主持全军事务，指挥其他统制作战。另外，还有徐庆、牛皋、董先都以骁勇著称。这五人是岳家军诸统制中的骨干、中坚。

另外，岳飞还有一个精干的幕僚机构，帮他出谋划策，处理招讨使司的许多事务，草拟公文或奏札。按照朝廷的规定，岳飞招讨司的幕僚有参谋一员、参议官一员、主管机宜文字一员、书写机宜文字一员、干办公事六员、准备差使八员、点检医药饭食二员。其中，参谋是薛弼，参议官是李若虚，胡闳休主管机宜文字，书写机宜文字由岳云担任——原来宋朝制度明文规定，"帅臣子弟充书写机宜文字"，也就是说，这个官职应当由主帅的子弟充当，凡是涉及机密的军政文书，由书写机宜文字官书写。

这时的岳飞和岳家军，已经威震中原，成为豪侠忠义之士的投奔目的地。梁兴、赵云等有名的抗金勇士，就是在这个时候投奔岳家军的。岳家军实力的大提升，也引起了一些人的嫉妒和仇恨。特别是韩世忠和张俊两人。当韩世忠和张俊已任大将的时候，岳飞还只是一个无人知晓的列校。两三年前，岳飞是隶属于张俊的部下，由张俊指挥他去东征西讨。现在，官阶上岳飞和他们平起平坐了，威望上还超过了他们，所以他们对岳飞有了嫉恨心理。

岳飞对此是有所察觉的，因此平时便不断写信给这两位前辈将领，即使他们不回信，他也不停地写。一两年内，岳飞写给韩、张两人的信札就有三十多封。岳家军在平定杨幺后，特地拣选了两只车船，附带着船上原有作战人员和战守之具，赠送给韩世忠和张俊各一只。韩世忠收到船只之后，还是非常高兴的，消减了此前积存的部分嫌怨；张俊收到之后却认为这是岳飞故意去向他夸耀战功的，反而对岳飞产生了怨恨之心。

▶ 人才济济

在岳飞积极准备北伐之时，岳家军的重要将领和幕僚基本上也就齐备了。他们是岳家军的中坚力量，为岳家军的强大都做出了自己的贡献。

除去已有过介绍的岳云、牛皋、董先、杨再兴、王大节等人，岳飞麾下比较出名的文武将官还有很多，可以说人才济济。其中武将有下面几位：

王贵，相州汤阴人，从岳飞起兵。建炎四年（1130年）战宜兴，败郭吉；绍兴元年（1131年）随岳飞平定虔州盗贼；绍兴二年（1132年）随岳飞进军郴州、桂阳监讨曹成；绍兴三年（1133

年）在袁州击败高聚、张成，杀获甚众；绍兴四年（1134年）从岳飞战汉上，收复襄阳、邓州。他提举岳家军一行事务，为中军统制。

张宪，是岳飞最心爱和倚重的将领，任岳家军同提举一行事务，为前军统制。绍兴二年（1132年）随岳飞在郴州破曹成，与王贵、徐庆招降曹成旧部，在沅州擒获曹成部将郝晸。绍兴四（1134年）年岳家军收复襄阳六郡，张宪率本部攻克随州，又与董先、王万等收复邓州。

徐庆，相州汤阴人，从岳飞起兵，任岳家军统制。绍兴元年（1131年）平定白波寨叛兵姚达、饶青。绍兴二年（1132年）与张宪、王贵讨曹成，降其众两万。绍兴三年（1133年）从岳飞平虔、吉盗贼，率本部讨彭友，又赴袁州击高聚。绍兴四年（1134年）参加收复襄阳六郡战役，与牛皋等攻克随州，斩守将王嵩，又与牛皋战庐州，击败金伪联军。

姚政，相州汤阴人，从岳飞起兵。建炎四年（1130年）与岳飞杀建康留守司叛逃统制刘经，并其军。绍兴三年（1133年）任岳家军正将，屡立战功。后任岳家军游奕军统制。

王经，岳家军后军统制。绍兴二年（1132年）五月，岳飞与曹成战莫邪关，岳家军第五将韩顺夫与曹成将杨再兴作战失利，正值王经率本部军卒运粮到此，与前军统制张宪合击，大败曹成军，活擒杨再兴。绍兴三年（1133年）随岳家军赴饶阳与张俊会师，官至正任团练使。

庞荣，原隶建康留守司统领。建炎四年（1130年），叛将戚方杀留守司统制扈成，庞荣率众赴宜兴投岳飞，被岳飞任命为右军统制。绍兴三年（1133年）庞荣随岳飞平定虔州盗贼，带兵攻打贼寨。

梁兴，出身贫寒，父母都是淳朴、善良而勇敢的平民。他在太行山建立根据地，组织"忠义保社"，四处游击。他们还引军东下，攻击磁州、相州一带的金军。八九年间，梁兴等人所率抗金义军，同敌军进行大小战斗几百次，光杀死对方头目即有三百多人。忠义保社成了北方人民抗金武装的核心，声威远播。河东、河北各路民众都亲切地称呼梁兴为"梁小哥"。绍兴六年（1136年）正月，梁兴率百余人渡河归岳飞，被任命为湖北、京西宣抚司忠义军统制。

傅选，原为江西制置大使司统制官，绍兴三年（1133年）拨隶岳飞，任岳家军统制。绍兴三年（1133年）正月，与徐庆往筠州平定叛兵李宗亮、张式部，歼其军。绍兴五年（1135年）从岳飞平杨幺，屡败杨幺水军。

李道，相州汤阴人，早年从宗泽抗金，宗泽死后隶襄阳镇抚使桑仲，任副都统制，知随州。累官武义郎、门宣赞舍人、武义大夫，迁荣州团练使，授邓随镇抚使。绍兴三年（1133年）李成南侵，李道移军江州，诏隶岳家军，其任选锋军统制。绍兴四年（1134年）随岳飞北复六郡，克唐州、襄阳诸郡，积官复州防御使、果州观察使。

郝晸，原为湖南安抚司统制官，从荆南制置使王燮讨湘寇，不禀号令。绍兴五年（1135年）岳飞赴湖湘平杨幺，诏令拨隶岳家军，其任中军副统制。

岳飞手下还有很多文官，比较有影响力的有下面几位：

薛弼，温州永嘉人，北宋政和二年（1112年）进士，任杭州教授，监左藏东库。与李纲议守京城，迁光禄寺丞，改湖南转运判官。岳飞讨杨幺，薛弼建议造木筏断其水路，以草塞其上流，破杨幺水军之所长。事后朝廷论功行赏，薛弼只进一官。岳飞认为这对薛弼不公平，立即上奏朝廷，让薛弼又升一官。薛弼任岳飞的参谋长不久，便巧妙地处理了王缺子反叛事件。王缺子本是杨幺手下，投降岳家军之后，趁岳飞出战伪齐之机，竟想召集旧部造反。然而，岳飞治军虽然极严，但对士兵也极好，与其同甘共苦，对归顺之人更是一视同仁，不分彼此。这个时候，已经没有多少人愿意跟王缺子造反，甚至连他的母亲也不愿意。她向薛弼举报了自己儿子的反情。薛弼立即巧施妙计，将王缺子抓了起来。一场动乱，就这样被兵不血刃地解决了。后来，薛弼升任户部员外郎，总领江南西路等五路财赋，负责岳飞大军的钱粮供应。总体而言，薛弼先后担任过岳家军的参谋官和后勤官，经常为岳飞出谋划策，不论是军务上还是后勤补给方面，对于岳家军的作用都称得上是不可或缺的。

李若虚，洺州曲周县人。湖北京西路宣抚司参议官。绍兴六年（1136 年）二月，因岳飞奏请，李若虚任京西南路提举兼转远、提形公事，不久就担任了岳飞主持的宣抚司的参议官。他在缓和岳飞和朝廷的关系上立下了大功。

黄纵，北宋末年进士，补从事郎。如果说薛弼是岳飞的萧何，那黄纵则是岳飞的张良了。在绍兴初年，黄纵把自己对兵书研究的心得上献给朝廷，顿时得到满堂喝彩。赵九龄看了之后，立即就要和黄纵交往，二人成为好朋友。后来岳飞要邀请赵九龄为幕僚，赵九龄就推荐了黄纵代他。而荆湖南路制置大使席益见黄纵成为岳飞幕僚，马上向岳飞致贺，说他曾在后省审阅两千多份关于兵书的讨论文章，无一人比得上黄纵。绍兴五年（1135 年）岳飞讨杨幺，黄纵冒着生命危险赴杨钦水寨抚谕，说降杨钦，以功授昌州文学。

胡闳休，开封人，北宋宣和初年为太学生，著兵书二卷。靖康初应试兵科，中优等，补承信郎。金兵围攻汴京，胡闳休分地而守。二帝北迁，从辛道宗勤王。宋室南渡，胡闳休以忠义进二官。湖湘盗起，著《致寇》《御寇》二篇，力主招讨并用，被岳飞辟为招讨司主管机宜文字，以平杨幺功进成忠郎。

岳家军的幕僚阵容，可以说是精干而强大的。这些幕僚的努力，为日后岳家军的进一步发展打下了良好的基础，也为岳家军的战略主攻方向以及战略层面的决策，提供了合理的建议和策划。可以说，没有薛弼、李若虚和黄纵，就没有北伐的辉煌胜利。

▶ 第二次北伐

　　绍兴六年（1136 年），韩世忠急于收复失地，他在岳飞还没有返回鄂州时便独自发动了反攻。在进攻淮阳的战役中，张俊还是采用他的老方法，一味避战。最后，韩世忠在孤军奋战的情况下，苦战六天，未能攻克淮阳，被金、伪齐援军打乱了作战部署而被迫退回。刘光世的部队也无所作为。

　　七月下旬，岳飞已经将大本营移到襄阳，他坐镇襄阳，制定了具体的北伐作战路线。他把人马分为两路：一路由牛皋率领，去攻打伪齐的镇汝军（大约在今河南省鲁山县）；一路由王贵、董先、郝晸等人率领，进攻虢州卢氏县。

　　伪齐的镇汝军守将名叫薛亨，在军中素有勇名，是个非常厉害的角色。岳飞特意嘱咐牛皋要小心薛亨，不要大意。牛皋的倔脾气就上来了，他向岳飞保证，一定要活捉薛亨。牛皋率军日夜兼程，出其不意地直抵镇汝军城下。他命令将士立即攻城，将士们个个奋勇争先。

　　在牛皋初战就非常顺利的情况下，岳家军的主力由王贵、董先、郝晸等人统率进军虢州。八月初，王贵等人率领的大军一举攻克卢氏县城，缴获军粮十五万石，壮大了军威。接着，王贵等人兵分三路，分别攻取了虢略（今河南省灵宝县）、朱阳（今河南省灵宝县西南朱阳镇）和架川（今河南省栾川县）。这样，虢州全境被收复了。

　　虢州战役结束后，王贵等人又以卢氏县为军事基地，兵分三路，一路向东进攻距洛阳仅有一百多宋里的伊阳（今河南省嵩

县）；另一路向西攻打商州（今陕西省商县）；第三路由猛将杨再兴率军北上，进攻西京长水县（在今河南省洛宁县境内）。

虢州和商州都是战略要地，如果岳家军占领虢州和商州，就可以在北面控制黄河渡口，直接和北方抗金义军协同作战了；在东面可以直接威胁洛阳；往西可进攻关中，与吴玠的战区连接起来。并且，可以将伪齐的统治区分成两部分。岳家军势如破竹，取道栾州县、西碧潭、太和镇，直取伪齐顺州州治伊阳县。朝廷看见岳家军屡战屡胜，下诏书进行了嘉奖，对这次战斗进行了充分的肯定。

伪齐在正面战场被打得节节后退，只好不断地派兵骚扰岳家军的后方，攻击德安府应山县（今属湖北省），劫掠邓州高安镇，寻求一点心理安慰。

岳家军的猛将杨再兴从卢氏县向长水县（今河南省洛宁县西南）进发，在长水县界的业阳和伪齐顺州安抚司都统制孙某的后军统制摆开阵势。杨再兴一马当先，奋勇杀敌，岳家军将士齐声呐喊，士气如虹，很快将几千敌人打得落花流水，歼杀五百多人，生擒一百多人。第二天，在孙洪涧，杨再兴与伪齐顺州安抚使率领的两千多人隔涧列阵。双方先是隔着涧水互相射箭，然后冲锋，展开激烈的白刃战。杨再兴指挥部下勇敢作战，再次将敌军击溃。接着，岳家军夺取了县城，缴获粮食两万石，杨再兴把这些粮食均分给军兵和当地的百姓食用。不几日，岳家军又攻克永宁（今河南省洛宁县）和福昌（今河南省洛宁县东北）两县。此时岳家军距西京洛阳城已近在咫尺。

金、伪齐看到洛阳受到威胁，急忙调兵遣将，进行阻击。岳飞考虑到岳家军孤军深入，不宜强进，便适时停止了进攻，在已收复地区转入战略防御。

这个时候，岳飞的眼病再次发作，他卧床不起，眼睛疼痛异常，以致在白天，卧室窗户也必须用重帘遮蔽。岳飞完全不能主

第七章
积极北伐

持军务了。因为提举一行事务王贵在前线作战，所以宣抚司的日常军务就由同提举一行事务张宪和参谋官薛弼、参议官李若虚共同主持。南宋朝廷知道消息后，急忙特派眼科医官皇甫知常与和尚中印两人，乘驿马疾驰鄂州。在他们的悉心治疗下，岳飞的眼病才得以好转。

在战役打响之际，赵构和当时主持朝廷军事的张浚是没有预料到会有这么好的成果的，他们之所以没有阻拦岳飞在防御季节主动出击，是因为他们也想试探一下对方的虚实。所以，岳家军没有得到南宋朝廷的任何战略支持。

然而，岳家军所到之处，如秋风扫落叶一般，大小几十战，未有败绩。这是南宋立国后第一次正规的大规模的战略反攻，极大地鼓舞了民众继续抗战的信心。

▶ 第三次北伐

伪齐军队在中原被岳家军痛击之后，刘豫想还是去捏软柿子比较好。于是，他决定调集大军在东路大举进攻淮河中下游和长江下游一带。绍兴六年（1136 年）九月下旬，刘豫发兵二十万，号称三十万，兵分三路向南进犯。他还想到了一个在今天看起来既可笑又可悲的办法，他知道南宋君臣畏惧金兵，就让一部分士兵身着金兵的服装招摇过市，虚张声势。

赵构果然被唬住了，刘光世和张俊也极力夸大敌情，主张退守江南。这个时候主持南宋军事的右丞相张浚，得知朝廷调动岳飞，非常生气，立刻面见赵构。他用充分的证据说明伪齐此次南犯并无金兵配合，伪齐的军队不过二十万人，只是乌合之众，根本不用惧怕。岳飞部所守地区的战略地位十分重要，不宜调用。

张浚请求朝廷改变部署，仍让岳飞留驻鄂州。

听了张浚的话，赵构这才放下心来，命令刘光世立刻回师庐州，不然砍他的脑袋。刘光世这才打起精神，回庐州抗敌。庐州城外伪齐的军队果然是些乌合之众，和刘光世交了下手就跑了。这时候赵构才让岳飞停止东下，回到鄂州。诏书上说："这次伪齐来犯，本来是不值得惊慌的，调你东下，你反应如此迅速，表现了你对朝廷的忠心，是一件值得庆幸的事。"

刘豫知道岳飞从前线调走人马后，非常高兴，这时候他又终于得到了一部分金兵的支持，就大起胆子向岳飞的防区进犯。他把人马分为五路，大举进攻。

伪齐进攻卢氏县的人数比较多，有伪齐兵两万人，其中骑兵两千，金兵一万五千人，其中骑兵三千。驻守在卢氏的岳家军将领寇成率部出城迎战，在地势险要的横涧设下伏兵进行堵截。十月二十九日，岳家军将领击溃金、伪齐联军先头部队一千余人，杀死百余人，缴获战马数十匹。十月三十日，再次击溃前来进攻的数千人，俘获一名敌军头目高收通。根据高收通招供的军情，寇成得知金、伪齐联军主力即将到来，他自知兵微将寡，难以抵抗，便急忙向岳飞报告军情。

十一月一日，伪齐一万余人进攻商州。而此时的商州，只有岳家军将领贾彦带领的一支人数不多的部队守城，形势危急。

在邓州，敌人于镇汝军集结重兵，从十一月初发动进攻。岳家军将领张宪率万余精兵迎敌。双方僵持三天后展开会战，张宪采用诱敌深入的计策，将敌军引入埋伏圈，伪齐军大败，郭德、施富等一千多人被俘，其余伪齐兵将退回洛阳。

十一月六日，伪齐在信阳发动攻击，统制崔邦弼在长台镇（今河南省信阳市北长台关）打败敌人，一直把敌人追赶到望明港（今河南省信阳市北明港）大寨，方才收兵。

伪齐的主力则进攻唐州。他们的首领是刘豫的五弟刘复。刘复号称"五大王",自认为很有谋略,因此非常骄横,扬言要直捣襄阳府。

岳家军的少数前沿部队承受金和伪齐大军的突然袭击后,很快由防守转入反攻,展开了第三次北伐。

十一月初,牛皋率领八千步兵在唐州属县方城县(今属河南省)东北击溃伪齐、金联军的先头部队,杀死敌军一个统制,俘虏一千多人,获得战马三百余匹。

十一月十日,岳飞派出的先头部队王贵部与刘复主力决战。出乎意料的是,王贵的先锋部队居然打败了刘复的主力,刘复率部逃回蔡州城。王贵乘胜追击,一直赶到蔡州城下。

成长关键词

爱国、正直、勇敢

岳飞得到战报后,急令董先率牛皋、李建、傅选等部火速增援王贵,自己也赶到邓州、蔡州一带亲自指挥。他对王贵的胜利表示怀疑,他认为,刘复的部队在人数上十倍于王贵的军队,虽然岳家军勇猛善战,但刘复军不至于如此迅速地败退,其中必定有诈,于是他决定亲自到蔡州城四周探察敌情。他发现蔡州城墙高大,壕沟很宽,易守难攻。城上只有几面旗帜,却看不见守城的士兵露面。为了弄清敌军的虚实,岳飞派少数人马试探性地攻城。岳家军一攻,城上的旗帜便摆动起来,随着旗帜的摆动,一队一队的敌军便出现在城头上;当岳家军停止进攻,敌军也随之隐没。

岳飞这个时候就明白了,敌人的主力就在附近埋伏。考虑到急行军只带了十天军粮,岳飞放弃攻城,准备后撤。

驻守蔡州的李成见岳家军撤退,知道岳飞没有上当,十分懊丧,就亲率部队随后追击。

岳家军众将官中,董先被岳飞留下来断后,他单枪匹马走在部队的最后面。追赶而来的一队伪齐军的先头小部队一出现,董先便停了下来,准备迎击。当那队伪齐军走近时,董先认出他们的头目竟是自己的同乡好友,于是双方休战,在阵前聊了起来。

这个同乡好友告诉董先，这次作战，李成做了充分的准备，并且已打探到岳家军只有两万人马，其中能作战的只有一万四千人左右，而且只带十日口粮，现在粮食已吃光了。而在蔡州城内有十员伪齐大将，各领一万人马，想在蔡州城外围歼岳家军，然后直取襄阳，进而攻取鄂州。李成还给每个士兵发了一条绳子，让他们每捉到一名岳家军的士兵，便用绳子从其手心穿过，每十人为一串，志在必胜。这位同乡还对董先说："我们只是侦察兵，大军马上就会赶到，你们快撤吧！"

董先闻言，非常佩服岳飞对军事态势的判断。他一面派人向岳飞汇报军情，一面令部下在牛蹄山下选择有利地势设下埋伏，阻止追兵前进。

很快，李成率领大军杀来。董先把自己率领断后的部队全部隐藏在丛林中，自己单枪匹马立于一座小桥之上。李成见此阵势，感到很意外，但他还是趾高气扬地举着手中的绳索，向董先大喊："你不要走，我要来捉拿你！"

董先却说道："我肯定不走，只怕要跑的人是你！"

李成看董先这个样子，就不敢贸然进攻，于是派小分队冲击，自己在一边观察。每次冲击，董先用旗子一挥，背后很快就出现一两队人出来交战；李成的小分队稍一退，他们也就又隐蔽到丛林中。几次都是这样，李成就更加犹豫了。这样，双方僵持了很久。

过了一段时间，岳飞亲率大军回来接应董先。李成远远看见岳家军的大队人马汹涌而来，"精忠岳飞"的旗子迎风招展。他是被岳飞打怕了的，就急忙抢先逃命，于是全军崩溃。岳飞亲自指挥大军渡河追击，在三十宋里的追击线上，李成溃不成军，仓皇逃回蔡州城。岳家军活捉伪齐将官数人，俘获伪齐士兵数千人，并俘获战马三千匹。

岳飞将俘获的伪齐武将押给赵构处置，而把俘获的伪齐士兵聚集到一起，给他们发钱，释放他们，并且对他们说："你们都是中原的百姓、国家的儿子，不幸被刘豫驱使到这里。我放了你们，你们回去后，见到中原的老百姓，告诉他们朝廷的恩德，等到大军前来恢复故土，请他们协同我们作战！"

这个正确的俘虏政策后来收到很好的效果。

班师后，因为"掩杀逆贼'五大王'刘复、李成等，累立奇功"，王贵晋升为正任的棣州防御使，牛皋升为龙、神卫四厢都指挥使和建州观察使。

名人名言·金钱

1. 既会花钱，又会赚钱的人，是最幸福的人，因为他享受两种快乐。

——［英］塞·约翰生

2. 须要注意小额费用。一艘大船的沉没，有时是细微的裂口所致。

——［美］富兰克林

3. 金钱并不像平常所说的那样，是一切邪恶的根源，唯有对金钱过分的、自私的、贪婪的追求，才是一切邪恶的根源。

——［美］纳·霍桑

4. 有钱的人从来不肯错过一个表现俗气的机会。

——［法］巴尔扎克

5. 如果你把金钱当成上帝，它便会像魔鬼一样折磨你。

——［英］菲尔丁

6. 我们手里的金钱是保持自由的一种工具。

——［法］卢　梭

7. 善的行为比金钱更能解除别人的痛苦。

——［法］卢　梭

8. 首先是最崇高的思想，其次才是金钱；光有金钱而没有最崇高的思想的社会是会崩溃的。

——［俄］陀思妥耶夫斯基

9. 金钱是个好兵士，有了它就可以使人勇气百倍。

——［英］莎士比亚

◁ 第八章 ▷

YUE FEI

和战之争

　　阵而后战，兵法之常，运用之妙，存乎一心。

　　　　　　　　——〔宋〕岳 飞

▶ 是战是和

早在绍兴七年（1137年）三月，伪齐的武将李清就摆脱了伪齐的控制，投奔了岳飞。十一月，敌方临汝军（治新蔡，今河南省新蔡县）的知军崔虎又向岳飞投诚。绍兴八年（1138年）正月，经过岳家军的幕僚张节夫的招降，蔡州知州刘永寿、提辖白安时在全城军民的支持下，杀金国将领兀鲁孛堇，带领大批军民南下，岳飞命张宪率兵接应。八九月间，金朝镇汝军知军、马军统制胡清率一千一百零八人起义归宋，岳飞予以热情接待，并任命他为选锋军副统制。此外，敌方统制王镇、统领崔庆、将官李觊，以及华旺、孟皋等人，也先后带领队伍投归岳飞。前伪齐河南府尹孟邦杰，他的兄长曾被起义军的领袖翟琮所杀，但是他还是坚持反齐投宋。他逮捕了永安（原为宋朝河南府永安县，今河南省巩义市南）军的知军，将他处死，然后南下归降了岳飞。

赵构这时候最忌惮的人就是岳飞了。接到岳飞请求增兵的奏章之后，赵构明确表态说："岳飞所防守的上流地区确实比较大，但是可以把他的防区缩小嘛。不能增加他的人马。现在各个军区的士兵，已经因为分兵、合兵造成了损失。尾巴大了就难以调动，这是古人最忌讳的。现在事情没那么严重，我宁可再添置几支小部队，也不给大部队添兵了。"从这里可以看出，赵构对岳飞的忌惮之深，他对岳飞的担心已远远超过他对金朝的担心。

说完这些话后的第二天，赵构就把朝廷迁回杭州，做出了偏安的姿态。

第八章 和战之争

张浚辞职时，赵构问他："秦桧怎么样？"张浚回答："近来和他共事后，才知道这个人很阴险。"可惜张浚看清秦桧的为人时为时已晚。赵鼎出任左相后，赵构又问他秦桧怎么样。赵鼎回答说："秦桧不可令去。"于是，赵鼎和秦桧一起怂恿宋高宗将"行在"自建康府后撤至临安府，这正合赵构的心意。

抗战派领袖、前宰相李纲对朝廷的所为，非常忧虑。他多次上奏，请求赵构不要后退，而应该坚持抗战，赵构就把他江西安抚制置大使的职务都免了。

赵鼎、秦桧、沈与求等人不懂军事，在当时诸大将的心目中无任何威信，起不了领导的作用。赵构回到杭州之后，兵部侍郎王庶曾给赵构做过战略、战术分析，赵构挺赏识他的，而且王庶素来有威望，地方上领兵的大将都服他。这样，赵构就提升他做了兵部尚书，几天之后，又任命他为枢密副使。

王庶到任后，首先到地方进行了视察。他到江淮后，把这一地区的驻军做了一番调动：把知庐州的刘锜调往镇江，改派张宗颜率所部七千人去驻守庐州，并以张宗颜知庐州兼主管淮南西路安抚司公事；命巨师古以三千人屯太平州；又分韩世忠部队中的两支人马去屯戍天长和泗州，使其可以互为声援。

王庶的调动得到了拥护。但是，大将们和地方的官吏们和他谈论的重点都在于北伐，他们普遍认为，如果失去机会，以后再劳师动众就于事无补了。

岳飞和王庶的关系一直不错，在他任枢密副使后，岳飞便写了一道咨目给他，斩钉截铁地向他表示："今年若仍不用兵，我就要交还帅印，请求罢官，回庐山闲住去了。"

而这时候，赵构在做什么呢？他派王伦到北方去接宋徽宗的棺材，完颜昌就借机发动政治攻势，以归还宋徽宗的棺材、赵构的生母韦氏以及黄河以南的土地为诱饵，要求赵构投降称臣。

王伦在绍兴七年（1137年）十二月回朝，宋高宗发现自己十一年来一直想给北方金国当奴才的愿望就要实现了，不禁大喜过望。他不敢表现出欢天喜地的样子招人痛骂，就装出愁眉苦脸的表情，说："我因为徽宗的棺木和皇太后、钦宗没有回来，日日夜夜既忧虑又害怕，如果敌人能把徽宗的棺木和皇太后送回来，要我做什么我都愿意。"

他正式表示愿不惜一切代价，卑躬屈膝，以孝道做自己的遮羞布，响应金朝的和谈之议。

赵构认为，眼前的困难是如何和金朝讨价还价来尽量保留自己的体面。不过反正他也准备不要脸了，所以就很乐观。但是他不知道，他最大的困难是怎样应付国内广大爱国人士的诘难。

从南宋建国以来，抗战派和投降派的斗争就没有停止过。在抗战派看来，在南宋建国初期，赵构被打得流亡到海上，随时有灭亡的危险，那个时候向金朝求和，还可以说是迫不得已。现在在岳飞、吴玠、韩世忠等人的抗战下，多次打败敌人，不与金朝和议，依然可稳居帝位，为什么非要向杀父仇人屈膝求和呢？当然也有人看得比较深入，他们说"高宗之为计也，以解兵权而急于和"，就是说高宗实际上是害怕以岳飞为代表的地方军事首脑在抗战中势力越来越大，所以急于求和。

现在不仅抗战派和投降派的斗争达到高潮，在投降派内部也产生了很多的分歧，那就是尊严和体面的问题。毕竟在当时的情况下，赵构代表着整个朝廷、整个民族。

当时的朝廷实际上执政的只有四人：赵鼎、秦桧、刘大中、王庶。秦桧是彻底的投降派，主张不惜一切代价，不顾羞耻地求和。赵鼎和刘大中其实内心也倾向于投降，他们害怕战争的不可预知性，希望能够苟且偷安，身居高官，享受奢侈的生活。

王庶在执政的四人中地位是最低的，但是他毫不畏惧，以一敌三，大义凛然，据理力争。他多次上奏，讲述他所看到的军情。他跟皇帝说，将士们都士气高昂，准备和金兵决一死战，请皇上满足官兵的要求。他甚至对赵构发脾气："如果是打仗的事，陛下怎么责怪我都行；如果是求和的事，不要告诉我！"

金朝的使者来到临安府，要和四位执政者见面。赵鼎问王庶："地界问题怎么办？"王庶回答说："地从来没有求得来的！"意即只有抗战北伐才能真正收复失地。他在这次会谈中，始终不和金朝的使者交谈，以示抗议。

在地方各军区的首脑中，岳飞和韩世忠都主张抗战。岳飞被赵构以金字牌快递的命令召往宫中议事。岳飞明白高宗议和的主张已定，再劝说也没有多大效果，于是只想拖延前行。他一再地向高宗请求，说近来身体不好，希望能够退隐山林，最后躲不过去，只好在九月底赶到了临安。他坦白地对高宗说："对金人不可相信，不能够一味地等待议和。议和是下策，对国家没有任何好处。如果不加抵抗地对金朝屈膝，一定会被后人嘲笑的。"

韩世忠的看法和岳飞一样，他很久以前就已经向高宗提出北伐，对于高宗的议和，他非常愤怒。他被召见后，直言不讳地将自己的看法和盘托出，言词激烈，态度激昂，面对最高统治者也丝毫不畏惧。召见之后，韩世忠压抑不住满腔的悲愤，又接连上书十多封，旗帜鲜明地反对议和，主张大举北伐，并表明如果朝廷出兵，他愿意担当这个重任。

这样，岳飞和韩世忠彻底抛弃以前的成见，情投意合，站在一起。而张俊却主张求和，他蓄意排挤和陷害岳飞。

到绍兴八年（1138 年）的冬天，为了压制不同政见，宋高宗断然罢免了赵鼎、刘大中和王庶三人。他决心重用秦桧，全力推进议和。

老奸巨猾的秦桧害怕赵构出尔反尔，就对赵构说："陛下想求和，就只和我商量，不要让别的臣子议论、干涉，不然的话，没有用的。"赵构马上答应了。秦桧又要赵构考虑三天再说；三天后，他又要赵构再考虑三天；再过三天，秦桧要求赵构授他全权，代表赵构求和，赵构很高兴地答应了。

这时候反和的呼声很高，秦桧就任命他的狗腿子勾龙如渊为御史中丞，控制舆论，排除异己。

绍兴八年（1138年）十一月，金朝派张通古带着金熙宗的诏书，和宋朝使者王伦一起南下。金朝使者不称宋朝，而称"江南"，不称通问，而称"诏谕"，而且要求宋高宗必须面北跪拜于张通古的脚下，口中称臣，接受诏书。昔日刘豫好歹还是个"子皇帝"，现在赵构自愿称臣，比刘豫都下作了不少。

这样的奇耻大辱让所有有一点点良知的人都怒火满腔。李纲、张浚自然不用说，就是宋高宗的亲信主管殿前司公事杨沂中也受不了了，他气冲冲地闯入秦桧家里，说："现在皇上受到这样的屈辱，如果引起了兵变，不要怪我等弹压不下来！"

当时引起最大反响的还是枢密院编修官胡铨的奏章，他斥责宋高宗本人忘记国家大仇不报，含垢忍耻，必将失去天下人的拥戴，他坚决主张立即斩杀秦桧、孙近和王伦，以谢天下！这篇声讨卖国贼的檄文，很快被民间刊印出来，广为流传。金朝统治者出重金买到副本，读后也非常震惊。

临安城群情激愤，军民不安，街上出现了大字报，上面写着："秦相公是细作！"

甚至有爱国军人扬言要发动兵变，杀死秦桧。

在这种情况下，赵构不再躲在秦桧后面当缩头乌龟，而是出面大发淫威，以高压手段来支撑局面。他慑于宋太祖赵匡胤立下的不得杀言事官的规矩，把胡铨罢官，送到昭州，永不起用。他下诏告诫百官，不准再用"浮言"动摇求和的"大计"。

绍兴八年（1138年）年底，赵构以给宋徽宗守丧为借口，要秦桧等人代他向金使行跪拜礼。金朝使者张通古本来气焰嚣张，扬言不得亏半点礼节，这时候面对越来越高的反和声浪，他不得不降低礼节规格。最终，双方马马虎虎地完成了"和议"。

▶ 和议之后

绍兴八年（1138年）腊月二十八，秦桧作为赵构的代理人拜见了张通古，并且跪拜接受了金朝的诏书。他叫三省中的一些吏员分别穿上绯色的或绿色的服装，腰间各戴银鱼，装扮成一般官员模样；枢密院的一些吏员则穿上紫色服装，腰间佩戴金鱼，装扮成更高级的官员模样。等到"诏谕江南"的使者张通古出来之后，或做前导，或做扈从，既护卫金朝的"诏书"，也护卫金朝的使臣。秦桧接受了金朝的"诏书"，承认了南宋只是金朝的藩属，承认了金、宋之间的君臣关系。"诏书"中的语气，早已把这种君臣上下之分充分表现出来，不再像此前的国书那样把南宋视为对等的国家，对赵构也直呼其名了。

绍兴九年（1139年）元旦，南宋朝廷正式宣告宋金"绍兴和议"达成。为了不激起民愤，南宋政府将许多情况进行了隐瞒，不敢将全部内容公布于众。

赵构、秦桧在完成投降后，非常得意。赵构宣布大赦天下，以庆贺这来之不易的"胜利"。他还命令文武百官进献贺表，并用加官晋爵的手段软化反对议和的武臣。

南宋朝廷的赦书很快被送到鄂州的岳飞大本营中，岳飞也只得上表祝贺。他授意幕僚张节夫起草了一道著名的《谢讲和贺表》，明为祝贺，实为挖苦讽刺。张节夫就和他的名字一样，是个文采横溢的讲气节的豪侠。他在岳飞的指导下，写道："我们的国家经历了长期的艰难困苦，如今和金朝议和，作为暂时的策略，为的是拯救国家的危难，解救人民于水火之中，获得一时的平安，也是可以理解的。但从长远来看，这毕竟不是一个长久之计，议和并不能保证维护得了国家的尊严，保护得了我国人民的安宁……我有幸生活在这个和平时期，能够看到讲和这样的大事，真是十分荣幸啊！但是，我作为国家的大将，对国家没有做出什么贡献，不仅自己感到惭愧，在全军将士面前我也觉得很愧疚……"

　　在表示自己对这样的议和感到羞愧后，张节夫笔锋一转，对以后的局势进行展望。他写道："我还时常过多地担忧，经常感到不解，不知道敌人为什么会答应议和。我想不明白其中的道理，但是我想这一定是他们的诡计。我还有一个顾虑，我担心我们对金朝卑躬屈膝、言听计从，并且送给他们大量的货币，反而让金朝不领我们这份情，瞧不起我们，反倒会得寸进尺地侵占我们大宋的利益。因此，我愿意制定夺取全胜的谋略，希望在收复两河失地后，再迅速地收复燕云等故国土地，最后达到为国复仇雪耻的目的。我向天发誓，一定要金人跪拜称臣……"

　　这道所谓的《贺表》，写得壮怀激烈，写出了全国人民受压抑的抗金呼声，鼓舞了全国人民的士气。它传布出来之后，立即被人们广为传诵。由于岳飞握有战斗力最强的精锐部队，就显得格外有力量，也格外让赵构和秦桧痛恨。

　　岳飞上表请辞，态度强硬，措辞激烈，不愿意接受这用尊严换来的"胜利"。赵构和秦桧只得又依照惯例下诏给岳飞，不许他再上书辞免。这样，岳飞被迫接受了开府仪同三司的头衔。

　　这个时候，秦桧打算乘机撤除武装部队，夺取众大将的兵权，彻底把自己赤裸裸地暴露在敌人面前。参知政事李光坚决反对，他说："戎狄狼子野心，和不可恃，备不可撤。"赵构也害怕金朝出尔反尔，像废伪齐那样废了自己，就没有同意秦桧的做法。秦桧的阴谋没有得逞。

▶ 小重山

西京河南府是皇陵所在地。金朝归还河南之地后，以孝道为投降做幌子的赵构，却并没有想起要去祖坟上磕个头。经人提醒后，他才想起来这个戏还没演，就派宗室的同判大宗正事赵士和兵部侍郎张焘一起前去祭扫皇陵。朝廷还规定，这项政治活动的一切开销都要岳飞支付。位于西京河南府的皇陵所在地，是十二年前闾勍和岳飞一起和敌人战斗过的地方，岳飞就上奏说："伪齐对皇陵有破坏，我在那里待过，想亲自带兵去祭扫。"赵构就同意了，让他一起去。

五月，赵士和张焘来到西京河南府。老百姓纷纷前来迎接，对他们说："能做大宋的子民，死而无憾。"表现出了强烈的民族气节。

六月，赵士和张焘返回临安府。张焘报告宋高宗说："金人的祸害，向上害到了祖宗，就是灭了他们，也不足以雪耻。"赵构问："那么这些陵寝怎么样了呢？"张焘没有正面回答，只说一句："万世不可忘此贼！"赵构无言以对，这就是他所谓的孝道，真正讽刺至极。

绍兴九年（1139年）岁末，赵构御笔书写历史上曹操、诸葛亮屯田足食的故事，颁赐岳飞，示意岳飞将屯田作为军队的首要任务。岳飞在绍兴十年（1140年）的正月初一，答复皇帝，他批评曹操奸诈狡猾，暗示赵构要小心秦桧；他又表示拥护加强屯田，但不赞成以此作为对金求和的资本。

　　这个时候岳飞还作了一首词《小重山》来表达自己的心情。岳飞不仅是一位杰出的军事家，而且在诗词上也很有才华。他的词留传下来的不多，但是流传很广。他的词激昂高亢，饱含爱国主义精神，所以深受大家的喜爱。他也有委婉低沉的词作，表达了他壮志难酬的郁闷之情。

　　岳飞眼看着投降派卑躬屈膝，丧失国格、人格，自己却又无法阻止他们求和的脚步，只能眼睁睁地看着赵构等人无耻地出卖国家利益，他心里很不是滋味。一天晚上，岳飞又失眠了，他想着复国的愿望难以实现，自己心里的话没人倾听，烦闷异常，就在纸上写下了这首脍炙人口的《小重山》：

　　昨夜寒蛩不住鸣。惊回千里梦，已三更。起来独自绕阶行。人悄悄，窗外月胧明。

　　白首为功名。旧山松竹老，阻归程。欲将心事付瑶琴。知音少，弦断有谁听？

　　这首词的上阕写的是：夜里无法入睡，悄悄起床后看到四周的景色，触动了我满怀的心事。夜深人静，四处静悄悄的，只有田野里传来的小虫的鸣叫声。梦里我又回到了故

小重山

乡，那是多么欢乐啊！但是醒来后才知道那只是一场梦啊！窗外明朗的月亮正高高地挂在天空，如水的月光照耀着我的哀思。

　　下阕是写收复失地受阻、心事无人理解的苦闷。为了实现收

复故土的理想，我南征北讨，带领我的将士们浴血奋战，现在连头发都白了。不仅我老了，故乡的松竹盼我回家也盼得老了，我回家的路却依然受到阻碍。我的心里有许多话想说，可是我的知心人太少了，没人能够真正理解我的心情。虽然想弹支曲子来排遣我的愁闷，但是即使将弦拨断了，又有谁能明了我的心思呢？

这首词情调低沉，表达岳飞理想难以实现的郁闷。他用含蓄的艺术手法，表达了自身的感情。他不满"和议"，反对投降，又时时受到掣肘，所以惆怅。

岳飞的这首词是在投降势力的压迫下所抒发的爱国主义情感，并不是日常生活起居的感受。一个充满激情的梦，就这样被惊醒了，醒来后发现自己生活在"议和"的声浪中，谁才是一心报国者的真正知音？

成长关键词 → 爱国、正直、勇敢

▶ 大战在即

就在赵构、秦桧为自己的屈膝求和扬扬得意的时候，北方的民间抗金武装活动又开始活跃起来，出现了新的高潮。

太行山是岳飞曾经战斗过的地方。原来的太行山抗金领袖"梁小哥"梁兴现在也在岳飞麾下效力，所以太行山的义士们最为活跃。他们截断河东路的很多通道，高岫和魏浩率领人马攻占怀州河内县的万善镇。王忠植也攻取了河东路的一些州军，并与陕西的吴家军取得了联系。

还有一些和岳家军没有联系的义军，也因为岳家军的军威最壮，就打着岳家军的旗号，对金作战。

这些自发性质的抗金活动，让金朝统治者非常苦恼。金朝的怀州知州非常害怕，吓得夜里睡不着觉，唉声叹气地说："我都不知道要死在哪里！"完颜兀术的心腹悍将韩常在一次喝酒时，也对人坦白说："现在的南军，勇锐程度和以前的我军一样；现在的我军，怯懦程度和以前的南军一样。"

绍兴九年（1139年）七八月间，金朝主战派完颜兀术发动政变，杀掉主和派的完颜昌，自己升任都元帅、领行台尚书省事，兼掌军政大权。完颜兀术在给侄儿金熙宗的密奏中，把杀完颜昌和"复旧疆"当成两大国策。

有个叫张汇的兖州人，早年随父在河北做官而陷入金人统治之下。绍兴十年（1140年）初，他听到完颜兀术元帅府的"主管汉儿文字"蔡松年说，金朝意图撕毁"和约"，大举南侵，他就潜逃回国，给赵构写了一封奏疏。在汇报金朝要南侵的情报的同时，他指出金朝并不强大，而且有内乱，昔日的名将都死得差不多了，而现在金朝在河北的统治很不安定，要求南宋主动出击。

这时候，完颜兀术先以阅兵的名义，把各部兵力聚集到祁州（治蒲阴，今河北省安国市）的元帅府。韩世忠看到金朝发生变故，连淮阳军的戍兵和屯田兵都已撤回，上奏主张先发制人，乘虚掩击。宋高宗却说他是武夫粗人，不识大体，说趁着别人撤兵而发动进攻，是不守信义。他对自己的臣僚并无信义，对岳飞多次出尔反尔，而对杀父的仇邦却讲求信义，宁愿坐等金人毁约南侵。

绍兴十年（1140年）五月，完颜兀术改变秋冬季发动攻势的常规，而在盛夏用兵。金朝分兵四路南下，元帅右监军完颜撒离喝攻打陕西；李成夺取西京河南府；完颜兀术亲率主力，突入东京开封府；聂黎孛堇出兵京东路。

很快，金兵占领了不设防的黄河以南的各州县。开封、洛阳等地相继陷落。

既然金兵打来了，还是要做做样子啊，赵构、秦桧这对君臣又开始表演他们虚伪的一面了。秦桧表示愿意到江上和大帅们一起抗敌，还建议赵构以武力治天下，摆出一副强硬的姿态。

赵构也不甘落在秦桧的后面，发布声讨诏文，以节度使的官衔，另加银五万两、绢五万匹、田一百顷、宅第一区，悬赏擒杀完颜兀术。又任命韩世忠、张俊和岳飞兼河南、河北诸路招讨使，开始抗金。

名人名言 · 处世

1. 匹夫不可以不慎取友。友者，所以相有也。

——〔战国〕荀 子

2. 居心要宽，持身要严。

——〔清〕申居郧

3. 生活是欺骗不了的，一个人要生活得光明磊落。

——冯雪峰

4. 俭仆的生活，不但可以使精神愉快，而且可以培养革命品质。

——徐特立

5. 不贪最先，不恐独后。

——〔西汉〕刘 安

6. 交浅言深，君子所戒。

——〔北宋〕苏 轼

7. 不贵于无过，而贵于能改过。

——〔明〕王守仁

8. 持心如衡，以理为平。

——〔明〕刘 基

9. 自由是做法律所许可的一切事情的权利。

——〔法〕孟德斯鸠

第九章

YUE FEI

大败金兀术

功业要刊燕石上，归休终伴赤松游。

——〔宋〕岳 飞

▶ 违诏出师

全面战争打响后，全国实际上分为三个战场。在东路的将领是韩世忠，他率领韩家军在淮阳军作战。因为韩世忠一直计划北伐，准备工作做得比较充分，所以一开战便取得了胜利。但是在淮阳军城下，久攻不克。

负责西路的是胡世将，虽然吴玠病逝，但是他的弟弟吴璘和得力助手杨政都还在，他们二人都骁勇善战，和金兵打得难分难解。但是，敌我双方基本上都是试探性攻击，没有以主力决战。

对于东路和西路，金兵本来就是做牵制的考虑，他们把主力放在中路，由完颜兀术亲自统领。宋军方面则是由岳飞、张俊和刘锜统率三军。

绍兴十年（1140年）五月，刘锜军在到达京西路的顺昌府（治汝阴，今安徽省阜阳市）的时候，得到金军南侵的急报。接着，金军又杀奔顺昌府而来。刘锜不得不就地防守于顺昌府。秦桧急忙为他的金国主子着想，起草诏书要刘锜班师，以便让金骑兵发挥擅长冲锋的优势，在平野上歼灭这支步兵。

刘锜是个有军事头脑的人，没有上秦桧的当。他在顺昌召开誓师大会，发表激情洋溢的演讲，号召大家和顺昌府共存亡。刘锜的部队是王彦的八字军的班底，王彦病逝后，他们由刘锜指挥。他们脸上刻着"赤心报国，誓杀金贼"八个大字，士兵都是经历过九死一生的，均以杀金贼为己任，士气高昂。

完颜兀术率大军来到顺昌府，一看驻防的不是岳家军，不免大意。他指着顺昌府残缺的城垣，说："顺昌城壁如此，可以靴尖踢倒！"

完颜兀术被八字军打败，说明先前的情报是准确的，金兵已经是外强中干了。这时候，被金朝扣押的宋朝使者洪皓也给朝廷发来密报，说金人恐惧，将燕山府的珍宝都收集起来，席卷北逃，准备放弃燕、云以南的土地。

从此，宋朝军队开始转入反攻。

再说岳飞，在鄂州已经练兵三年了，为战争做好了充分的准备。

岳家军的军纪之严，世所共知。他们在平时进行着残酷、严格的军事训练。岳飞自己的射术当时无敌，他把自己的射术教给士兵，很多普通士兵都学会了左右开弓的本领。他又让全军将士身披重铠，苦练冲陡坡、跳壕堑等战斗动作，人人练就了一副矫捷的身手。

岳家军的数量也有少量扩充，和岳飞有嫌隙的赵秉渊，也调任岳家军的胜捷军统制。原来，赵秉渊曾在战败后，因为手下人抢掠百姓受到处分，现在被拨到岳飞手下，他非常害怕。岳飞则对以前失手打过他而内疚，鼓励他戴罪立功。

岳飞的幕僚集团也有所扩大，南宋朝廷曾向岳飞宣抚司委派了一位新的参谋官，名叫朱芾。他是京东路青州益都县人，原任广南西路转运副使。宋高宗和秦桧的本意是要朱芾监视岳飞，在军中贯彻朝廷的方针。但是朱芾和岳飞情投意合，他积极参与军事谋划，站在岳飞一边，成为岳飞的得力助手。

在得知金兵南侵的消息后，岳飞立即做出了战术安排，他以公文通知各部，准备大举反击。他把部队分成了三部分。第一部分是游击部队，由投靠自己的先前的北方抗金起义军李宝、孙彦、梁兴、赵云、李进、董荣、张峪等将领分别统领，深入敌后。第二部分是水军，负责江南西路江州和江南东路池州的江防，保卫湖北、江西以至江东三路的安全。第三部分是岳家军的主力。一小部分分给武赳等统领，向西进发，击破虢州，支援陕州，与西路军取得联系；另派张宪、姚政为先锋，紧急驰援刘锜；岳飞亲自统率重兵，向京西路平原地区挺进。

出征前，将士们由家眷送别，全没有依依不舍的意思，大家都慷慨相约战后再见，抱有必胜的信心。岳飞再次亲自上奏，请求宋高宗及时设立皇储。他认为，在举行军事攻击的同时，更须预防金朝利用宋钦宗进行政治讹诈。宋高宗正在用人之际，没有给岳飞难堪，把他夸奖了一番，还升了他的官，把他从从一品的开府仪同三司晋升为正一品的少保。岳飞一再推辞，表示战后退隐，不要官职。他先前就和江州庐山东林寺的慧海和尚交好，已经让慧海和尚为他安排退隐事宜。

赵构深感岳飞个性刚强，难以驾驭，就又派李若虚来岳家军中做监军，给岳飞下达随时做好班师准备的口令。岳飞认为北伐的计划已经延搁三年，机不可失，岂容一误再误？李若虚本来就是违心地执行皇命，这时候他显出了正直的一面，毅然主动承担了矫诏之罪。他对岳飞说："事势既已发展到当前地步，当然只能有进无退，那就照旧进军吧。矫诏之罪，当由我承当。"

▶ 还我河山

完颜兀术在顺昌府被打败后，他本人与龙虎大王完颜突合速退回开封府，命大将韩常守颍昌府，翟将军守淮宁府，完颜阿鲁补守应天府。

六月初，为了给顺昌府解围，张宪的前军和姚政的游奕军一起作为先锋向东北的方向挺进顺昌府。行到半路，得知刘锜已大败完颜兀朮，于是，张宪当机立断，挥师折向西北，击破敌军，袭取蔡州，为岳家军此次大举北伐开了一个好头。岳飞当即委派马羽镇守蔡州。

六月十三日，牛皋的左军出战，他在京西路打败金军后，直指汝州。在攻克了鲁山等县后，又挥师东向，同大军会师。

六月二十三日，统领孙显在蔡州和淮宁府之间，大破金朝的队伍。

闰六月，岳家军发动了更大规模、更为猛烈的攻势。

闰六月十九日，张宪的部队到达距离颍昌府四十宋里的地方，与金军在城外展开激战。战斗的结果是，金军队伍被打败，又缩回到颍昌府去。岳家军乘胜向前追赶，使得敌人在颍昌府难以立脚，最后只能撤离。闰六月二十日，岳家军克复了颍昌府。

张宪在攻下颍昌府后，率军和牛皋、徐庆会师，向淮宁府进军。二十四日中午，行进到距离淮宁府还有十五宋里的地方时与敌军的三千兵马相遇，激战之下，敌军全部向淮宁府撤退。岳家军分兵数路，进行追击，在距城还有几宋里的地方，敌方来了两支援军，摆开大阵。张宪等率领将士，分头掩击，金军又被打败，甚至连淮宁府也不敢据守，于是张宪又把淮宁府收复。

在张宪大立战功的时候，王贵也不甘落后，他率军向开封府以西的地区进军，王贵部将杨成等人率领军马前去攻打郑州。杨成等人的部队于闰六月二十五日到达郑州南郊。驻扎在郑州的金军万户长漫独化率领五千以上人马出城迎战，杨成等鼓励将士与敌人拼命厮杀。金军抵挡不住，便从郑州撤离，岳家军攻克郑州。漫独化从郑州撤军到了中牟县，王贵就准备派遣刘政等人去攻打中牟。金军是在中牟县城外扎寨居住的，刘政等人便于闰六月二十九日夜间去劫敌人的营寨。金兵在事前毫无警觉，因而在睡梦中被岳家军杀死的不计其数。漫独化在这一战后也失踪了。

在攻打郑州的同时，中军副统制郝晸等人受王贵指派，统率兵马前去攻打洛阳。全部人马前进到距离洛阳六十宋里的地方安营扎寨。七月初一，金朝河南知府李成发出好几千人马，前来挑战。郝晸立即派遣将官张应、韩清等率领骑兵，迎头截击敌军。双方激战之后，金军败回洛阳城去。郝晸这时又率领全部人马追击，于当日傍晚直逼洛阳城下。李成连夜弃城逃走。岳家军在七月十二日大清早进入洛阳城，被北宋王朝定为西京的洛阳城就这样被收复了。

刘锜的部队在顺昌府解围后，大部分接受赵构的命令撤回了镇江府。刘锜本人率领剩下的一部分，留驻顺昌府。刘锜自顺昌一战成名，很是得意，无意于另立新功。

而张俊的做法那就是可恶了。淮西兵变后，王德的八千人马驻扎建康府，没地方去，张俊用重金收买，把王德收归自己统辖。但是他并不打算把他们投入战场，怕蒙受损失。顺昌大战时，张俊受命解围，他就故意拖拖拉拉，直到完颜兀术退兵后的第十一天，王德才领数千骑兵抵达顺昌府，算是尽了策应之责，然后马上回去了。

闰六月，张俊在皇帝的命令下不得不发兵北上，宿州的知州马秦兵败投降，亳州的知州郦琼不愿和宋军交战，弃城而去，张俊得以占领两州。当地百姓一开始没看清张俊的真面目，热烈欢迎他们进城。不料张俊军进城后，烧杀抢掠，比金贼还要残暴，抢掠一空后就撤军了。

这样就造成了岳家军孤军深入的局面。

▶ 大破拐子马

岳飞看到孤军深入的态势后，赶紧收缩兵力，缩小防区。考虑到开封府的金军主力离自己太近，岳飞把岳家军先后往郾城县（今河南省郾城县）和颍昌府两地集结。岳飞亲驻郾城县，大将王贵驻防颍昌府。

岳飞知道这是一场前所未有的恶战，敌众我寡，必须以死相搏才能取得胜利。俗话说，上阵还得父子兵。岳飞把儿子岳云叫来，命令他率领背嵬军和游奕军的骑兵出战。他对岳云说："得胜了才能回来，不然我先杀你！"

岳云于是出战。他一马当先，舞动两杆铁锥枪，直接向敌阵冲锋。双方的骑兵开始激烈的鏖战。本来，在平原上用骑兵冲锋是金兵的优势，这是游牧民族的特长，所以在平原上金兵的骑兵是非常厉害的，何况这次的敌人是金兵主力中的主力。但是岳家军依靠缴获的战马，装备了相当规模的骑兵，其骑兵的数量和质量都胜过其他各支宋军，和金朝的骑兵相比也有过之而无不及。在岳飞严酷的实战训练下，岳家军的骑兵已经是当时最为精锐的骑兵部队。

在战斗最激烈的时候，岳飞再也坐不住了，他亲自带领亲兵四十余人冲到两军阵前。岳家军的都训练霍坚急忙上前挽住战马，说："相公是国家的重臣，关系着国家的命运，不可亲自上阵。"

岳飞用马鞭轻轻抽了一下霍坚挽马的手，说："这个你不懂！"

说完，张弓搭箭，左右开弓，瞬间杀敌十数人。将士们看到

统帅亲自出马，士气倍增，纷纷使出最大的本事，奋力杀敌。

金人在骑马打猎的日常生活中，练就了好的骑术和箭术，但是在平原的冲锋交战中，他们也不是没有弱点。一则他们的弓没有宋朝的先进，射程不够远，威力不够强；二则一旦进入贴身的白刃战，他们就远远不如岳家军了。

完颜兀术不能取胜，就下令自己的亲卫队、手里最后的王牌——"铁浮图"上阵。"铁浮图"又称"铁浮屠""铁塔兵"，极其类似欧洲十字军。他们的人和马都装备整体铸造的重型金属铠甲，不怕刀枪箭矢，每三匹马用皮索相连，正面冲击的话非常厉害。

岳飞看敌人派了五千"铁浮图"上阵，就命令早已做好准备的步兵上阵，他们手持麻扎刀、提刀、大斧之类以步击骑的利器，专劈马足。只要一匹马倒地，另外两匹马就无法跑动，"铁浮图"很快被杀得乱作一团。岳家军的步兵把敌人从马上拉下来，进行残酷的贴身肉搏战，杀得尸横遍野，一直杀到天黑。金军一败涂地，狼狈溃逃。

完颜兀术在这次失败后，并没有甘心。八月十日的下午，金朝骑兵一千多人，进犯郾城县北的五里店，在这支金军的后面，征尘滚滚，更不知有多少军马。岳飞当即率领军马出城，他派背嵬军的将官王刚，带领五十名背嵬军的精锐骑兵，先去侦察敌情。

郾城之战是一场面对面的硬拼，而且是在敌人发挥了骑兵优势的情况下。打败了敌人，这是空前的大捷。赵构不得不夸奖岳家军说："金人南侵以来，已经有十五年了，我们的部队和敌人打了不下百仗，我还从来没见过一支孤军有这样巨大的力量，能在平原旷野中打败金军。"

岳家军在郾城之战中的胜利，确实是得之不易的。相较于张俊、王德在淮南东路的撤退，就显得更为伟大了。

▶ 神勇岳家军

　　神勇的岳家军除了在正面战场大败完颜兀术以外，还在敌后战场给了金兵很大的打击。他们深入敌后，与当地民众密切配合，袭击金军，切断道路，克复了很多州县。

　　其实在这次金、宋会战中，最早和金军交锋的岳家军是京东路的李宝和孙彦所部。五月份的时候，完颜兀术刚刚南侵，李宝就率众来到他的故乡兴仁府一带。他探听到金军有四名千夫长提领四千余骑，在宛亭县（今山东省菏泽市西南）的荆堽扎营。李宝就和孙定、王靖、曹洋商量好，分兵两路，在二十四日夜里乘船袭击金营。金军因为远道而来，人困马乏，睡得很沉，毫无戒备，还没醒过来就被杀掉几百人。金兵人不及甲，马不及鞍，有的被岳家军所杀，有的从河堤上掉下去淹死在黄河里。四名千夫长全部丧命，其中还有一个是金朝的宗室，名叫完颜鹘旋。这场战斗战果辉煌，光缴获的战马就多达一千匹。

　　六月初，金朝一个姓完颜的万夫长，率领从东京开封府以北发来的大队人马，要为完颜鹘旋报仇。李宝和孙彦率部迎头痛击，再次打败金军，追杀敌人二十多宋里。金军大部分被杀伤或者掉到黄河中淹死，岳家军缴获了不少兵器和护甲。

　　岳飞的"奇兵"在敌后大展神威，捷报连传。梁兴给岳飞发来报告，说："河北忠义四十余万，都打着岳家军的旗号，希望您早日渡过黄河。"

　　这时候的金兵被岳家军打得垂头丧气，完颜兀术就试图在北

方找壮丁做签军，来补充自己的兵力。但是北方的年轻力壮者都加入到了岳飞领导下的忠义军里，他抓不到人，于是哀叹说："我从北方进中原以来，从来没有遇到过今天这样的挫折。"

金军的连连失败也使金军的内部军心动摇，一批中级军官主动率部投降岳飞。龙虎大王完颜突合速的亲信纥石烈千夫长投降后，还改用汉名高勇。

完颜兀术手下的昭武大将军韩常，一向是以骁勇善战而著称的，顺昌战败后，他被完颜兀术用柳条鞭挞九十。他又怕回开封府与岳飞交战，落得个和完颜兀术的女婿一样阵前被杀的下场。于是他就屯军在颍昌府北的长葛县，秘密派人去见岳飞，要求投降。岳飞答应了。

岳飞本人也为岳家军的神勇而自豪，他对左右说："这次杀金人，我们要直捣黄龙府，那时候，我就开酒戒，和你们痛饮！"黄龙府是当时金兵的老巢。

不久，岳家军开始向开封府进兵。七月十八日，张宪同徐庆、李山、傅选、寇成等统制官，率领岳家军的主力，往东北方向进军，在路上遭遇了金军六千骑兵。张宪以摧枯拉朽之势，痛击敌军，金兵很快溃散。岳家军追杀十五宋里，杀得敌人横尸遍野，缴获战马一百多匹。这时候王贵也从颍昌府发兵，牛皋率领左军，一路上多次打败敌军。

岳家军的背嵬军铁骑五百在前面开路，敌人慑于背嵬军的威名，不敢接战，基本上都是一触即溃，金兵的士气下降到了极点。

赵构多次向岳飞强调，秋高马肥的时候敌人最猖獗，但是神勇的岳家军根本不信这个邪，在金朝骑兵最活跃的时节大败敌人。完颜兀术处于深深的惶恐之中。

收复中原似乎指日可待了。

名人名言·感悟

1. 人生在勤，不索何获。 ——〔东汉〕张　衡

2. 人生至高无上的幸福，莫过于确信自己被人所爱。

——［法］雨　果

3. 人生自古谁无死，留取丹心照汗青。

——〔南宋〕文天祥

4. 人生用物，各有天限；夏涝太多，必有秋旱。

——〔元〕许名奎

5. 人与人之间的相互关系中，对人生的幸福最重要的莫过于真实、诚意和廉洁。

——［美］富兰克林

6. 人生最苦痛的是梦醒了无路可走。做梦的人是幸福的；倘没有看出可以走的路，最要紧的是不要去惊醒他。

——鲁　迅

7. 人生只有在斗争中才有价值。

——［俄］赫尔岑

8. 人生最终的价值在觉醒和思考的能力，而不只在于生存。

——［古希腊］亚里士多德

9. 人生最低的境界是平凡，其次是超凡脱俗，最高是返璞归真的平凡。

——周国平

10. 人生最重是精神，精神日新德日新。

——廖仲恺

◁ 第十章 ▷

YUE FEI

千古奇冤

生命如流水，只有在他的急流与奔
向前去的时候，才美丽，才有意义。

——张闻天

▶ 十二道金牌

　　赵构对于这次的金、宋会战，既害怕大败，又害怕全胜。如果大败，一则怕被金兵擒获，二则难以应付内部的舆论；如果全胜，则武将功高而握重兵，会威胁皇权。尤其是对岳飞，赵构是最不放心的。因此，赵构再三叮嘱岳飞，要避免与完颜兀术大军决战，要以防守为主。而秦桧就比赵构还要害怕全胜了，他摸清了各个战场的动态后，知道只有岳家军在长驱猛进，攻势凌厉，就一再在赵构面前提出要岳飞班师回朝。这正合赵构的心思，趁着胜利班师，既可以避免大败，又可以避免全胜。

　　七月初五，岳飞曾经急递奏状，一是给梁兴、董荣等人表功，二是请求朝廷发援军一举北上，直捣敌人老巢。然而这份奏状还没到达临安，七月初八，赵构发第一道班师诏，责令班师。七月十八日，岳飞收到班师诏，大为痛心，他也不愿舍弃马上到手的胜利果实，便让张宪继续进军开封府，同时上奏说明情况，渴望抓住时机，给敌人以致命打击。

　　两三天后，岳家军的前锋到达朱仙镇，而同时，一天之内，岳飞接连收到十二道用金字牌递发的班师诏。可以推断，这是赵构接到七月初二克复西京河南府的捷报的时候，在非常害怕的情况下，接连发出的十二道金牌。由此可见，赵构对胜利的害怕达到了变态的地步。十二道金牌全是用最严厉的语气命令岳飞班师回鄂州，要岳飞本人去临安府朝见皇帝。岳飞接到金牌，悲愤地哭了起来。他面向东朝"行在"临安府的方向跪拜，说："臣十年之力，废于一旦！非臣不称职，权臣秦桧实误陛下也。"

岳家军将士得到消息后，也是感到茫然、羞愤又无可奈何，军心大乱。一支纵横中原的雄狮，居然变得行伍不整，连队列都站不齐了。可见，班师诏对全体将士的打击之大。岳飞不禁仰天长叹："这就是天命吗？"

岳飞决定接受朝廷的旨意，继续撤兵。撤到蔡州时，成百上千的人拥到衙门前，他们问岳飞为何要撤退。岳飞只能再次拿出金牌令给众人看，大家都号啕大哭起来。百姓看挽留不住，只有跟岳家军走。最后，岳飞决定留军五日，以掩护当地百姓南迁。这样，以往饱受金军杀掠之苦的蔡州人民，和岳家军一道南下了。岳飞把他们安置在辖区内的襄汉六郡。

完颜兀术被打怕了，其实也在撤兵。他自己已经渡过黄河向北撤退，驻守朱仙镇的金兵不过是掩护他撤退罢了。当兀术渡过黄河之时，一个深知南宋王朝弊病的书生拦住了兀术的退路，他说："自古以来就没有权臣在朝中把持朝政而大将还能在外面立功的，依我看，岳飞的大祸就要来了，他不可能取得成功。将军不必害怕。"兀术接受了这个书生的建议，便停留在黄河北岸，观察和等待形势的变化。几天之后，岳飞撤军的消息得到证实，兀术大喜过望，立即整军过河，卷土重来，以孔彦舟为先锋，重回开封府。

孔彦舟很快又占领了岳家军收复的失地，他轻易地就攻取了郑州、登封、汝州、淮宁、颍昌、郾城等地。岳家军的撤退，也影响到了其他战区。韩世忠、杨沂中等部也支撑不住，相继撤回原防区。岳家军的撤退，将河北义军置于危险的境地，张贵领导的泰安忠义民兵和王忠植领导的陕西忠义民兵先后被金军消灭。李宝、梁兴、赵云等著名义军首领也难以继续坚持，在袭击了几次金兵之后，不得不冲出金朝统治区，回到江淮宋军大营。

岳飞八月到临安见了赵构，他一心一意力请解除军务。岳云的战功最大，但岳飞按照惯例，不予上报。朝廷查明后，将岳云升迁左武大夫、忠州防御使。赵构尽管猜忌岳飞到了无以复加的地步，还是不准岳飞辞职、辞功，因为战争还在进行，赵构还不敢顺水推舟地削夺岳飞的兵权。岳飞只得无可奈何地返回鄂州。

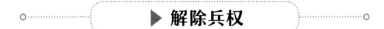

▶ 解除兵权

绍兴十一年（1141 年）正月，完颜兀术在看到岳飞果然被赵构钳制住后，就放心地以重兵向南进犯，锋芒直指淮西。

在淮西战场上，宋军有张俊、杨沂中、刘锜等十余万人马，兵力略多于金兵。宋高宗还是觉得调来岳家军才感到放心，于是传令岳飞火速援淮。岳飞便迅速地挥师向东，救援淮西。在岳飞进军期间，杨沂中、刘锜、王德等部在王德的指挥下，由十万大军兵分三路，在无为军治所巢县县城北的拓皋镇打败金兵，迫使金兵退出庐州。

岳飞在行军的途中，听到张俊调兵无能的消息，又想到自己被赵构调来调去，如同儿戏，不免发牢骚说："国家了不得也，官家又不修德！""官家"就是对赵构的称呼了。岳飞又指着张宪说："像张俊那样的张家人，远远比不上张宪张太尉你的一万人！"张俊听说后，指责岳飞攻击宋高宗，又把战败的责任归结为岳飞援淮不力。此时，对岳飞来说，已经杀机四伏了。

完颜兀术这时候认识到完颜昌的主和政策是正确的了，他就正式给秦桧写信说："你们天天想请和，但是岳飞杀了我的女婿，

这个仇不能不报，杀了岳飞，才可以议和。"他提出以杀岳飞作为议和的条件，秦桧自然是唯命是从。

而赵构这时候开始与秦桧进行罪恶的谋划。他们的第一步是罢岳飞的兵权。

在三大帅中，张俊最软弱、最怕死、最贪婪，秦桧就拉拢他，两人串通一气，一唱一和，演出一场解除韩、岳兵权的闹剧。秦桧向宋高宗进言："现在各路军马只知有将军，不知有皇上，韩家军、岳家军的名称就是证明，如不及早采取措施，恐怕会有祸患。"在征得高宗的同意后，他以三省枢密院的名义召韩世忠、张俊、岳飞到临安朝见皇上。大将久握重兵，难以约制，这是赵构等人始终引以为患的。将大将的兵权罢免，高宗已经谋划三年多了，但因为战事频繁，高宗一直未能如愿。尽管宋金战争并没有结束，但赵构通过各种途径，知道了完颜兀朮有议和的意图，于是就开始着手进行这件事情。

赵构效仿太祖，在西湖设宴款待岳飞、韩世忠和张俊三名大帅，他任韩世忠和张俊为枢密使、岳飞为枢密副使，明升暗降，留朝任职，不许岳飞和韩世忠再回地方带兵。

紧接着，秦桧开始谋害韩世忠。韩世忠和秦桧也素来不和。早在绍兴八年（1138年）岁末，韩世忠曾命部属假扮红巾军，企图袭杀金朝使臣张通古，破坏和议，却因部将告密，未能成功，这使秦桧非常痛恨韩世忠。

秦桧指使淮东总领胡纺首先诬告耿著。这个胡纺原先是韩世忠的人，给韩世忠的亲信耿著做奴才，后来见风使舵，趋附秦桧。当年韩世忠袭击金朝使臣的计划，就是他告的密。现在胡纺又诬告耿著，说他散布流言，蛊惑军心。秦桧下令逮捕耿著，以酷刑逼供，企图由此牵扯上韩世忠。他还装作非常关心的样子对岳飞说："韩家军现在正发生叛乱，你应该做好准备。"

岳飞大怒，说："我和韩世忠同朝为臣，我不能眼看着他无辜受罪，我不能负他！"岳飞连忙写信给韩世忠。韩世忠接信后，大吃一惊，立即求见宋高宗，大哭大吵一场。赵构想起了韩世忠在苗刘之变中的救驾大功，就示意秦桧不得株连韩世忠。于是，这件冤案便以耿著当替罪羊而了结了。

秦桧没有害到韩世忠本人，就伙同张俊分解他的军队。张俊以枢密使的身份主张把韩世忠的部队完全分解，遭到岳飞的反对。岳飞对张俊说："现在能守卫国家的大帅已经不多了，万一金兵再次南犯，圣上还会让韩世忠重新统率这支军队。到那个时候，我们有何面目见韩将军？"张俊自然对岳飞十分不满。接着，张俊和岳飞开始点检韩家军兵马，经过核实才知道，韩家军实际只有三万人。岳飞对这样一支部队居然建立那么大的战功十分敬佩，赞扬韩世忠是一位非凡的将军。但是岳飞只是副职，无法阻止张俊，韩家军还是被拆散，移驻镇江，处于张俊的监视之下。

既然岳飞一直是求和活动的绊脚石，而且是最硬最大的那一块，那么赵构和秦桧君臣就会想方设法害他。秦桧指使亲信谏议大夫万俟、御史中丞何铸、殿中侍御史罗汝辑，以言官和监察官的身份弹劾岳飞。万俟等人是秦桧的狗腿子，得到授意后，立刻准备列举岳飞的罪行，但岳飞一生忠君爱国，根本没有什么把柄可抓。

费尽心思后，他们几个人好不容易捏造了三条：一、岳飞自从到枢密院任职以来，　直对朝廷不满，打算离开朝廷过安逸生活；二、在援救淮西的军事行动中，拒不接受命令前往；三、到淮东安排战守工作时，主张放弃楚州。

这三条都经不起推敲，不过这已经不重要了，赵构马上欢天喜地地将岳飞撤了职。被解职后的岳飞带着岳云一起回到了江州。

▶ 蒙冤入狱

岳飞被罢官后，没有了兵权，也不能再干预求和了，但是，他在民间和军中的威望还是让赵构和秦桧害怕。而且，完颜兀术一心要害死岳飞才肯议和，这样赵构和秦桧就迫不及待了。完颜兀术是被岳飞打怕了，赵构和秦桧是想做金人的走狗想得入了迷，这样他们就勾结起来，要对岳飞下毒手了。

岳飞离开岳家军后，王贵任了都统制，张宪任了副都统制，秦桧另派林大声监视他们二人。岳飞曾经对违纪的王贵进行过两次严厉的处罚：一次是颍昌战役中，王贵一度怯战，是岳云死战才稳定军心，岳飞要将王贵斩首示众，由于众将求情，看在他以前的军功上饶了他；还有一次是王贵治军不严，他的部下乘民居失火时窃取财物，岳飞发觉后，将违纪士卒处死，并按治军不严罪打了王贵一百军棍。王贵被逼无奈，不得不向张俊暂时表示屈从。

紧接着，张俊和秦桧在岳家军内部寻找败类。在岳家军中有两三百名武将，最后他们找到四个败类——姚政、傅选、庞荣三个统制和张宪的前军副统制王俊。王俊这个败类绰号称"王雕儿"，之所以得这个外号是因为他坑害无辜、无情无义，就如雕捕食鸟一样。

他们商量好了，王俊诬告张宪，牵连岳飞。八月初八，王俊便正式向王贵投呈诬告状，说张宪得知岳飞罢官赋闲后，企图请岳飞重返鄂州并主持军务，万一请不回来，张宪就率岳家军移驻襄阳与朝廷相抗。岳家军内如有人不服从，便一律斩杀。朝廷若派兵到襄阳征讨，张宪便投靠金人，借金人兵马杀退朝廷军队。

这时候张宪正好去张俊那里公干，张俊就把张宪逮捕了。这显然是张俊预先就设计好了的，他不敢到岳家军中抓张宪，就算好时间再指使王俊诬告，以便抓捕张宪。张俊迫不及待地要进行审讯。按官方程序，开审之前要先由小吏进行开庭前的准备，由于枢密院开庭不合规矩，随军令吏刘仁兴、书吏严帅孟拒绝进行准备。张俊没有办法，便下令他的亲信王应求进行非法准备。张俊亲自主审，想让张宪招认受岳飞指使意图谋反的"罪行"。

张宪是男子汉大丈夫，自然不会屈服，他痛骂张俊无耻，拒不承认"谋反"的罪名。张俊恼羞成怒，用酷刑威逼，把张宪打得血肉模糊，死去活来。

张俊既然早和秦桧、赵构勾结好了，也就不在乎张宪招不招认了。张俊立刻通报秦桧，秦桧则把早已写好的奏章上奏给赵构，请赵构下令批准逮捕张宪和岳云，并要岳飞到大理寺投案。赵构喜出望外，马上批准。

这时候的岳飞在江州的私人住宅居住，有位好心的部将——从八品从义郎蒋世雄，飞奔而来，告诉岳飞王俊诬告张宪的事情。岳飞知道，秦桧等人陷害韩世忠的故伎又重演了。他觉得韩世忠能在皇帝面前辩白，自己也一定能，毕竟他也是皇帝一手提拔的。

这样他就接受了朝廷的命令，往临安而来。

在路上，他一路遇到的都是劝他不要去的人。鄂州大军的进奏官王处仁就来给岳飞通风报信，岳飞却慷慨地说："如果天有眼，必定不会让忠臣蒙冤；万一不幸，那也是逃避不了的灾祸！"

随行的岳雷也多次在夜里小声劝说岳飞不要去，岳飞说："只得向前走了！"

岳飞到临安后，秦桧和张俊选中了心腹杨沂中，命令他去拘捕岳飞。杨沂中来到岳飞府邸后就亲热地招呼起岳飞来。岳飞见到杨沂中后，稍稍寒暄了几句，就开门见山地问道："你到这儿来有什么事吗？"杨沂中很尴尬，半天说不上话来。岳飞说："我看你今日来，心情不好。"说完抽身回里屋去了。这时，丫鬟捧出托盘，向杨沂中献上了一杯酒。杨沂中产生了怀疑，不知道这是不是毒酒，难道岳飞看出了自己的不良企图？最后，杨沂中还是强作镇定地将酒喝干了。这下，岳飞便相信了杨沂中此行并无恶意，不禁对他放松了防备，说："这酒没毒，我今天才看出来你是真兄弟，我为你走一趟。"过了一会儿，岳飞又说："皇天后土，都可以表明我的心迹！"

岳飞就坐轿来到了大理寺。里面出来几个狱吏，说："这里不是相公坐的地方，御史中丞等着你去对证一件大案，快到后厅去。"岳飞感慨地说："我为国家卖命，不惜性命，为什么要到这种地方来！"狱吏不由分说地催促他到了一处厅堂，只见张宪和岳云，官服已被剥去，戴着沉重的枷锁，露着身子，打着赤脚，浑身都淌着血，场景令人惨不忍睹。

这时候，一名胥吏拿着纸墨笔砚进来，说："你看现世有大臣入了狱还能活着出去的吗？我已经为你把口供写好了！"原来，秦桧早指使人把岳飞自诬的口供准备好了。

岳飞就这样蒙冤入狱了。

▶ 天日昭昭

最初，奉命审讯岳飞的是御史中丞何铸和大理卿周三畏，他们被任命为正、副主审官。这个御史中丞何铸曾经在两三个月前参与弹劾岳飞，他是秦桧的狗腿子。

岳飞被带到两名主审官面前时，情绪变得非常激动，旁边的狱卒呵斥岳飞："叉手正立！"岳飞才冷静下来，认真地听取何铸、周三畏的讯词，又有理有据地一条一条地驳斥王俊的诬告。两位审判官最后都无言以对。何铸一再呵斥岳飞，要他交代"谋反的罪行"。岳飞盛怒之下，一把撕开自己的衣裳，露出背后的"精忠报国"四个大字给何铸看。何铸大惊，缺德事再也干不下去了。他马上退堂去见秦桧，力辩岳飞的无辜。秦桧张口结舌，难以对答，最后只好向何铸透露最高的机密，说："这是皇上的意思！"何铸仍不退让，说："我并不是站在岳飞一边说话，现在大敌当前，无缘无故地将功劳卓著的大将置于死地，前方将士会多么伤心，为国家长治久安着想，也不应该这么做。"

秦桧没有话答，就报告了赵构。赵构立刻改命万俟卨为御史中丞，任此案的主审官。

万俟卨是一个非常奸诈狠毒的小人。当初他曾在岳飞手下做过事，岳飞看他心术不正，就很瞧不起他。他投靠了秦桧后，臭味相投，很快得到秦桧赏识。他接受审理岳飞的任务之后，认为泄私愤的机会到了，便把一切卑鄙伎俩全都施展出来。

万俟卨问岳飞："国家没有亏待你，你们三人为何反叛？"岳飞回答说："我没有背叛国家，你们既然坐在这个位置上，就不可诬害忠臣，我死了，也要和你们到冥府对质。"万俟卨说："你不反，为什么在墙壁上写'寒门何载富贵'？"旁边的狗腿子赶紧附和说："这就是你要造反的证据。"岳飞说："我落在秦桧国贼的手里，使我的忠心被打断了。"他从此沉默了，任凭万俟卨如何施刑，他也不肯招认，也不再辩解。在以后屡次的审讯中，尽管万俟卨用尽酷刑，也仍然无济于事。万俟卨这时的唯一目标，就是强迫岳飞自诬。岳飞也以倔强的性格、强韧的意志，进行不屈不挠的抗争，他绝不屈服。

有个名叫隗顺的狱卒，知道岳飞是大大的好人，就非常照顾他。还有一个不知名的狱卒，非常通晓专制制度下的哲理。有一天，他忽然对岳飞说："我一直认为岳飞是忠臣，今日一看，竟然是逆臣！"岳飞惊问什么原因，他说："君和臣不能相互猜疑，猜疑就乱，所以君疑臣就杀死臣，臣疑君就反。你现在就是被猜疑的臣子，所以被送到大理寺，哪里还有复出的道理！少保如果不死，出狱，则肯定要对皇上不满，哪有不反的道理！既然肯定要反，那不是逆臣是什么！"

岳飞听完他的话，觉得很有道理，所以知道自己必死。

岳飞的冤案震动了朝野内外，正义之士纷纷上书营救。齐安郡王赵士是赵构的皇叔，他面见赵构，恳求释放岳飞，自愿以全家百余口人的性命做担保。进士智浃和布衣刘允升、范澄之等分别上书高宗，为岳飞鸣冤。范澄之明确指出，"将帅之间互相残杀，无异于为逆贼报仇"。参与审判岳飞案件的大理寺少卿薛仁辅和大理寺丞何彦猷、李若朴维护公道，力主保全岳飞的性命。

老将韩世忠为了躲避秦桧的迫害，早已退隐故里，几个月来闭门谢客，绝口不言兵事。但岳飞的冤案使他再也不能沉默了，他赶到临安当面质问秦桧："张俊的指控究竟哪一条是真的？为何要陷害他？"秦桧模棱两可地回答说："岳飞的儿子岳云和张宪的事虽然不明了，但是这件事莫须有。"莫须有就是"可能有"。韩世忠被这句话气得按捺不住，大声训斥道："相公！'莫须有'三字，何以服天下！"

秦桧怕事态扩大，不好收场，要求迅速结案。万俟卨苦思冥想，反复比较，最后给岳飞安上了三条罪名。第一，岳飞和岳云分别策动王贵和张宪谋反，其中岳飞的"谘目"由幕僚于鹏和孙革执笔。第二，淮西之役，拥重兵而逗留不进，坐观胜负。第三，岳飞得知张俊和韩世忠等军战败后，曾说"官家又不修德"。岳飞曾说"我三十二岁上建节，自古少有"，这话被篡改为"自言与太祖俱以三十岁为节度使"。

这第一条，没有物证，就说王贵和张宪当时烧了。第二条，岳飞自己辩驳得很清楚，最后强行诬陷定案。第三条，口说无凭，而且董先被迫赴大理寺作旁证，说岳飞并没有说和太祖相比的话。

不过，赵构管不了那么多了。十二月二十九日，万俟卨等通过秦桧，匆匆上报一个奏状，提出将岳飞处斩刑，张宪处绞刑，岳云处徒刑。宋高宗当即下旨，"岳飞特赐死。张宪、岳云并依军法施行"，并且特意提醒，"多差兵将防护"，心虚到这个地步。连万俟卨和秦桧也未判岳云死刑，赵构害怕骁勇无敌的小将岳云报仇，特别要求斩草除根。

最后，大理寺执法官命岳飞在供状上画押。岳飞拿起笔在供状上写下八个大字：

"天日昭昭，天日昭昭。"

就在这一天，伟大的英雄岳飞，在临安大理寺中遇害，时年三十九岁。岳云仅二十三岁。

按照当时的规定，岳飞的尸体应当被草草地埋葬在大理寺的墙角下。狱卒隗顺冒着生命危险，背着岳飞的尸身，偷偷潜出临安城西北的钱塘门，把岳飞的尸体埋在北山山麓的平地上，坟前种两棵橘树，以做标记。

岳飞的幕僚中，直接被卷入冤案的于鹏和孙革，还有给岳飞通风报信的进奏官王处仁及武将蒋世雄，分别受到革职、流放岭南的惩处。朱芾、李若虚、高颖、王良存、夏珙、党尚友、张节夫等十三名幕僚，都被贬逐流放。只有薛弼，因与秦桧、万俟卨曾有交往，未受株连。

上书营救岳飞的刘允升，被关进监狱，惨遭杀害；范澄之则

在流放地含悲辞世；文士智浃本是上书为岳飞辩诬，结果被反诬
为受岳云贿赂，捎信给张宪，被流放到袁州后，因不堪凌虐而死。

更为可耻、可笑的是，因为害怕一个"岳"字，赵构居然接
受岳飞前幕僚姚岳荒谬而无耻的建议，将岳州改名纯州，其节镇
名岳阳军改为华容军。

▶ 公道在人心

绍兴十二年（1142 年），金朝使臣盖天大王完颜赛里、刘祹
等送韦氏和宋徽宗棺材来到南宋。刘祹突然想起奚落宋朝没有骨
气的奴才们一番，他故意问到："岳飞是因什么罪死的？"宋朝官
员一时语塞，半天才回答说："想谋反，被部将告发。"刘祹冷笑
一声，说："江南忠臣中善用兵的，只有岳飞，他的纪律最严，与
民秋毫无犯。这就和项羽有范增但是不会用一样，赵构没有岳飞，
就和项羽没有范增一样！"

岳飞死后二十年，金海陵王大举南侵。这个金海陵王曾经亲
身经历过绍兴十年（1140 年）的恶战，领教过岳家军的威力。这
时候，他们金军中还流传着一句话："岳飞不死，大金早就灭
亡了！"

宋金议和后，赵构连任免宰相的权力都失去了，秦桧在金人
的支持下稳当终身宰相，独揽大权。他安排自己的儿子编写史书，
大肆篡改历史，许多对岳飞有利的证据都被毁灭。秦桧死后，到
了绍兴三十一年（1161 年），金海陵王大举南侵，南宋抗金情绪
重新高涨，很多官员要求先给岳飞平反，赵构还是没有答应。

绍兴三十二年（1162 年），宋高宗退位，传位于宋孝宗赵眘，

赵昚就是赵伯琮，岳飞生前多次上奏要立他为皇储。宋孝宗倾向于抗金，他一即位，立即着手给岳飞平反昭雪，追复原官。

后来朝廷下令寻找岳飞的遗体，并按隆重的葬礼将岳飞遗骨迁葬于西湖边的栖霞岭

岳飞墓

下，即今日杭州岳墓所在地。继复官命令后，宋廷又下了许多恢复岳飞及岳飞亲属原官、封号、爵号等的正式文件。

不过为了给太上皇保留体面，孝宗表示这是赵构的主意，并强调岳飞的忠心，就是当年上疏请求立皇储也不怕嫌隙，孝宗算是知恩图报了。

这个时候，岳雷已死，留下四子二女，由岳云妻巩氏照管。岳霖、岳震、岳霭（后由宋孝宗改名岳霆）、岳甫、岳申等幸存的岳飞子孙，还有岳安娘的丈夫高祚，都被补官授职。岳飞的夫人李娃在淳熙二年（1175 年）病逝，享寿七十五岁，被葬于江州。

后来，宋孝宗召见岳霖时说："岳家的纪律、用兵的兵法，不是张俊、韩世忠能比的。岳家的冤枉，我都知道，天下人都知道冤枉。"

宋孝宗在位后期，赐岳飞谥号为"武穆"，这就是后人常用"岳武穆"称呼岳飞的由来。

其实，官方的平反是次要的，公道自在人心。

当岳飞等人遇害的消息传开后，临安城全城人民都非常悲伤，不少人泣不成声。为了封住天下人之口，秦桧下令把岳飞的罪状写成告示，布告天下，以使人们承认岳飞死有余辜。但是，告示贴到哪里，哪里就出现一片咒骂秦桧之声。大街小巷写满了对秦

桧等人的咒骂。连没有三尺高的儿童，都唾骂秦桧。

驻杭州西溪寨的官兵子弟，借迎请"紫姑神"显灵的手法，模仿岳飞笔迹写了一首诗："经略中原二十秋，功多过少未全酬。丹心似石凭谁诉？空有游魂遍九州！"全国人民到处进行悼念岳飞的活动。建康人民也用"请仙"的形式，写诗痛诉秦桧，追念岳飞曰："强金扰扰我提兵，血战中原恨未平。大厦已斜支一木，岂期长脚（'长脚'为秦桧绰号）误苍生。"韩世忠对岳飞之死十分悲痛，不顾高宗、秦桧的反感，在杭州灵隐厢来峰建造一座亭子，以岳飞《登池州翠微亭诗》之"翠微亭"三字命名，作为对岳飞永恒的纪念。朱仙镇人民，暗中组织，为岳飞建庙，秘密进行祭祀。

岳飞死后一年左右，他生前统率的军队去武昌县春游，有个军士作了一首诗："自古忠臣帝主疑，全忠全义不全尸。武昌门外千株柳，不见杨花扑面飞。"意指赵构杀害岳飞。将士们听后，都哭了起来，没有了游玩的兴致，春游就此作罢。

二十年后，金海陵王南侵，御史中丞汪澈来到荆襄，这是岳飞生前战斗过的地方。鄂州将士联名上状，要求为岳飞平反，哭声如雷，众人甚至大喊："为我岳公争气，效一死！"汪澈劝慰他们很久，答应把他们的要求禀报朝廷，人们仍恸哭不止。

在岳飞死后好几十年，江、湖之地的百姓，依然家家户户张挂岳飞的遗像，民间还流传着很多歌颂他的故事。

岳霖途经赣州时，有位老年人带着自己的子弟们来迎接，个个泪流满面，说："不想今天还能再见到相公的儿子。"岳霖到荆湖北路任官，鄂州军民闻讯后，摆设香案，痛哭着迎接他，以表示他们对岳飞的怀念。

名人名言·名誉

1. 把名誉从我身上拿走，我的生命也就完了。

——[英]莎士比亚

2. 穿戴朴素而有声誉，胜于自诩富有而默默无闻。

——[古希腊]伊　索

3. 名声是死者的太阳。

——[法]巴尔扎克

4. 名声是一座活动的桥梁，可以令人飞渡深渊。

——[法]巴尔扎克

5. 名誉是生命之流中的泡沫。

——[印度]泰戈尔

6. 名誉有如江河，它所漂起的常是轻浮之物，而不是确有真份量的实体。

——[英]培　根

7. 声誉不过是人们的喁喁细语，但它往往是腐败了的气息。

——[法]卢　梭

8. 只有善行才会为你带来声誉。

——[伊朗]萨　迪

9. 一切名声都享有一种难以想象的威信，而不管名声从何而来。

——[法]巴尔扎克

10. 爱惜衣裳要从新的时候起，爱惜名誉要从幼小时候起。

——[俄]普希金

成长关键词

爱国、正直、勇敢

117

名 人 年 谱

岳 飞

1103 年　出生于汤阴。

1113 年　从师习武。

1117 年　居家务农与自学。

1118 年　娶妻。

1120 年　长子岳云出生。

1122 年　应募为"敢战士"，从军征辽。后父卒，还乡守丧。

1124 年　第二次从军，投河东路平定军。

1126 年　被提升为偏校，授予"进义副尉"官阶。后因丢失"告身"回乡。冬十二月，第三次从军相州大元帅府。

1127 年　六七月间，上书反对京师南迁，被革职归田里。回乡中途，第四次从军，投河北招抚司，为招抚使张所破格提拔为统制官。

九月，随都统制王彦渡黄河抗金。

1128 年　因擅自离开王彦部，触犯军纪，为宗泽开释，任以"踏白使"立功赎罪。汜水关一仗获胜，被提拔为统制官。

1129 年　在汴京南薰门大破叛军王善，转武经大夫。后随杜充至建康。建康失守后，退兵于广德、溧阳等地，克复溧阳。

1130 年　屯兵宜兴。收复建康，升通泰镇抚使。

1131 年　讨流寇李成、张用。升为神武右副军都统制。屯驻洪州。

1132 年　平游寇曹成，移屯江州，授中卫大夫、武安军承宣使，仍任神武右副军都统制军职。

1133 年　七月，平息江西吉、虔二州农民起义。

九月，应召赴行在。高宗赐"精忠岳飞"锦旗。为江南西路舒蕲州制置使，置司江州。神武副军改为神武后军，岳飞任神武后军统制。

1134 年　第一次北伐，收复襄阳六郡。除清远军节度使、湖北路、荆、襄、潭州制置使，封武昌县开国子。屯驻鄂州。

1135 年　奉高宗命镇压湖南钟相、杨幺起义。为神武后军都统制，进封开国公。还军鄂州。

1136 年　母姚氏卒，葬庐山。以目疾乞解军务。后接诏起复，进行第二次北伐，长驱伊、洛。任湖北京西路宣抚副使兼宣抚河东、节制河北路。

1137 年　拜太尉，升湖北、京西路宣抚使，兼营田大使。为淮西并兵事与高宗公开冲突，弃军怒上庐山。

1138 年　反对高宗、秦桧对金妥协议和。枢密副使王庶视师江、淮，岳飞遗书王庶说："今岁若不举兵，当纳节请闲。"

秋，应召赴临安"行在"入觐。岳飞面斥秦桧："金人不可信，和好不可恃，相臣谋国不臧，恐贻后世讥。"

1139 年　上《谢讲和贺表》，强烈反对"绍兴和议"。四次上章力辞"开府仪同三司（从一品官）"，高宗不许。

1140 年　金毁盟南侵，岳飞挥师大举北伐中原，取得郾城、颍昌大捷，收复蔡、陈、郑州，以及西京等大片失地，进军朱仙镇，直指金军大本营——汴京。

七月底，被高宗、秦桧以十二道金牌强令班师。

1141 年　改为枢密副使，解除湖北、京西路宣抚使之职，赴临安枢密院任事。

冬十月，被张俊、秦桧等诬告"谋反"，投入大理寺狱。农历除夕前一夜，被高宗赐死于大理寺。岳云、张宪一同遇难。

1162年　死后二十年孝宗颁布《追复指挥》，下令为岳飞"追复元官，以礼改葬，访求其后，特与录用"。岳飞冤案得到昭雪。